Lavinia Dierssen

Das Wunder von Andøya

Impressum

Das Werk, einschließlich seiner Teile, ist urheberrechtlich geschützt. Für die Inhalte ist die Autorin verantwortlich. Jede Verwertung ist ohne ihre Zustimmung unzulässig. Die Publikation und Verbreitung erfolgen im Auftrag der Autorin, zu erreichen unter: tredition GmbH, Abteilung „Impressumservice", Halenreie 40-44, 22359 Hamburg, Deutschland.

© Lavinia Dierssen

Verlagslabel: Lavinia Dierssen
Cover von Julia Diederichs (@julisbookcorner)
ISBN Taschenbuch: 978-3-347-93467-2
ISBN Ebook: 978-3-347-93469-6
Druck und Distribution im Auftrag der Autorin:
tredition GmbH, Halenreie 40-44, 22359 Hamburg, Germany

Bibliografische Information der deutschen Nationalbibliothek: Die Deutsche Nationalbibliothek verzeichnet
diese Publikation in der Deutschen Nationalbibliografie; detaillierte bibliografische Daten über http://dnb.dnb.de abrufbar.

Content Note

Die in der Geschichte handelnden Figuren sind frei erfunden. Es werden Themen behandelt, die Dich triggern könnten. Eine Liste dazu findest du auf der Seite 186.

Inhaltsverzeichnis

Seite 6 Kapitel 1: Die Reise
Seite 31 Kapitel 2: Ein heißes Geheimnis
Seite 45 Kapitel 3: Das düstere Geheimnis der Weihnacht
Seite 56 Kapitel 4: Das Ritual
Seite 72 Kapitel 5: Hel
Seite 78 Kapitel 6: Die Flucht
Seite 85 Kapitel 7: Tödlicher Verrat
Seite 88 Kapitel 8: Willkommen Zuhause
Seite 97 Kapitel 9: Alles nur ein Traum?
Seite 100 Kapitel 10: Gefangen
Seite 105 Kapitel 11: Schmerz hinter der Maske
Seite 121 Kapitel 12: Der Ausbruch
Seite 125 Kapitel 13: Wiedersehen
Seite 135 Kapitel 14: Versteckspiel
Seite 153 Kapitel 15: Freiheit
Seite 164 Epilog
Seite 178 Nachwort
Seite 179 Aufruf
Seite 180 Danksagung und Werbung
Seite 186 Triggerliste

Die Reise

Schweißperlen laufen meinen Rücken herab, mein Wollpullover klebt an meiner Haut. Die blaue Daunenjacke ist in diesem Moment keine große Hilfe für mich. Überfordert mit der erdrückenden Hitze und dem vielen Gepäck um mich herum, stehe ich inmitten eines typisch deutschen Flughafens. Gestresste Passagiere rennen von einem Ort zum Nächsten, ihre verschwommenen Gesichter huschen an meinen Augenwinkeln vorbei. Ihre Probleme sollen nicht meine sein, mich erwarten andere Abenteuer. Irritiert blicke ich auf das Flugticket in meinen feuchten Händen, es fühlt sich falsch an und doch pocht mein Herz vor Aufregung. Ein großes Abenteuer erwartet mich, das spüre ich. Werde ich finden, wonach ich schon so lange suche?

Beinahe betäubt von dem Lärm um mich herum bemerke ich die schnellen Schritte der einzigen mir hier bekannten Frau nicht.

Die kleine Person poltert sich den Weg durch die undefinierte Menge direkt in meinen Blickwinkel, ihre langen grauen Haare wehen in ihrem schnellen Gang. „Kind, da vorne musst du dein Gepäck abgeben, das Gate findest du schon allein, ich muss leider los. Frederick hat wieder versucht sein Zimmer in Brand zu stecken. Du kennst ihn ja. Pass' gut auf dich auf und benimm' dich bei deiner neuen Familie." Ich hatte auch nicht mit einem herzlichen Abschied gerechnet. So viele Jahre musste sie sich mit mir herum ärgern, meine Ideen und Flausen ertragen. Sie wird froh sein, sobald ich hinter der deutschen Grenze verschwunden bin. Ich ringe mit mir, bin um einen ruhigen Ton bemüht. „Ja, Frau Meier", entgegne ich mit gesenkter Stimme. Sie soll nicht merken, dass mir die ganze Situation zu viel ist.

Die vielen Menschen, die Lichter, der Lärm.
Ein nicht enden wollender Strudel aus Reizen.

Ich mache einen zaghaften Knicks zum Abschied und begebe mich auf den Weg in das große Glück. Als Kind habe ich lange auf diesen Moment gewartet. Wird es so sein, wie ich es mir vorstelle? Meine Zukunftsträumereien bekommen einen herben Beigeschmack als ich mich an die erste Begegnung mit Frau Meier erinnere. Als kleines Mädchen wurde ich meiner leiblichen Mutter –oder Erzeugerin, wie ich sie gerne nenne– weggenommen, nachdem sie in ihrem Wahn meinen Vater umgebracht hatte und danach versuchte mich zu töten. Noch heute begleiten mich meine Albträume, ich kann deren kalten Fingern nicht entfliehen. Zwölf lange anstrengende Jahre habe ich auf diesen Moment gewartet und nun ist er zum Greifen nahe. Nur ein paar Flugstunden trennen mich von meinem Ziel: mein neues Zuhause und eine neue Familie. Unverkennbar entdecke ich den Check In, eine lange Schlange steht davor. Was wohl ihre Beweggründe für ihre Reisen sind? Ein schicker Urlaub mit der Familie vielleicht oder Flitterwochen.

Am Schalter angelangt, werde ich patzig von einer schwarzhaarigen Frau begrüßt. Ich nehme es ihr nicht übel, bin nur dreißig Minuten hier und würde am liebsten schreien. Ich hasse es von so vielen Menschen umzingelt zu sein. Nachdem ich mein Gepäck aufgegeben habe, mache ich mich mit mulmigem Gefühl im Bauch auf den Weg zum Gate. Nach ein paar Anläufen habe ich das Richtige gefunden und suche mir einen abgelegenen Sitzplatz, um auf meinen Flug zu warten. Unruhig inspiziere ich meine Umgebung, bis mein Blick auf dem Rollfeld hängen bleibt. Das ist das erste Mal für mich in einem Flieger. Die Angst breitet sich in meinem Körper aus, wenn ich daran denke, wie diese riesigen Maschinen wie Vögel durch die Lüfte gleiten. Zur Ablenkung beobachte ich die Menschen um mich herum, davon gibt es hier zu genüge. Einige Personen in schicker Kleidung tippen wild auf ihren mobilen Telefonen, gerne hätte ich mich selbst mit so etwas abgelenkt, durfte aber nie ein eigenes Handy haben. „Du machst eh nur alles kaputt."

Das war die andauernde Begründung von Frau Meier. Auf der anderen Seite haben sich offenbar Familien zusammengetan. Kinder rennen freudig umher und rufen laut durcheinander. Hoffentlich muss ich meinen Flug nicht mit ihnen teilen. Die Aufregung in mir mischt sich mit Angst, doch werden sie beide von dem Gefühl der Freiheit beiseite geschoben. Selten habe ich mich in meinem Leben so frei gefühlt. Nachts habe ich mich oft auf das Dach des Nachbargebäudes geschlichen, eine sportliche Meisterleistung, wie ich finde, auch wenn es für sportlichere Personen bestimmt relativ einfach von meinem Fenstersims zu erreichen war.

Stille hatte mich dort heimgesucht und ich konnte in Ruhe die Sterne beobachten. Schon immer habe ich mich bei dem Anblick des weiten Sternenmeeres eher zuhause gefühlt, als bei dem Anblick der vielen menschlichen Gesichter um mich herum. Ich passe einfach nicht zu ihnen. Ich habe mich immer gefragt, welche Abenteuer mich wohl da draußen erwarten könnten, nun werde ich die Antwort bald erfahren.

Vorfreude ergreift mich als mein Flug mit einer metallischen Stimme per Ansage durch die Lautsprecher aufgerufen wird. Stolz präsentiere ich einer brünetten Dame am Schalter mein Flugticket, als wäre ich auf dem Weg zu einer magischen Zaubereischule – nicht, dass ich als Kind dort nicht gerne gewesen wäre – steige ins Flugzeug, lasse mir von der Stewardess den Weg zu meinen Platz erklären und setze mich aufgeregt hin. Meine neuen Pflegeeltern haben mir extra einen Platz am Fenster reserviert, sodass ich während des Nachtfluges die Sterne beobachten kann. Iduna, meine neue Pflegemutter, hatte mir kurz vor dem Abflug eine Postkarte zukommen lassen. Auf dieser Karte stand nur eine kurze Nachricht: „Behalte immer die Sterne im Auge, sie weisen dir den Weg."
Und genau das würde ich tun.

Nach mehreren Zwischenlandungen habe ich meinen Flug von insgesamt fünfundzwanzig Stunden gemeistert. Immer wieder fallen mir die Augen zu, Müdigkeit überschwemmt mich mit riesigen Wellen, gegen welche ich verzweifelt versuche anzukämpfen. Es war eine stressige Reise und ich habe nur wenig Schlaf auf der gesamten Strecke abbekommen. Dennoch bin ich glücklich, endlich mein Ziel erreicht zu haben. Andøya ist nicht nur die nördlichste Insel Norwegens, sondern auch die zehntgrößte des Landes. Sie ist bekannt für die großen Moorgebiete und ihre Moltebeeren. Monatelang habe ich mich mit Sprachbüchern und Reiseführern auf diesen Moment vorbereitet, um einen guten Eindruck bei meiner neuen Familie zu hinterlassen. Ich habe einen herzlichen Empfang erwartet, der einer Party gleicht, oder zumindest so was in der Art, aber ich finde mich samt meiner Sachen auf einem kleinen ranzigen und schlecht beleuchteten Flugplatz wieder. Die Kälte hat die Landebahnen zerstört, wodurch der aufgeplatzte Teer den Narben auf meinen Armen gleicht.

Der Helikopter, der mich hierher gebracht hatte, ist Schnee aufwühlend gleich mit neuen Passagieren verschwunden, und so stehe ich nun vollkommen verlassen in der eisigen Einöde. Suchend lasse ich meinen Blick über die Landschaft schweifen. Viele Gebirge kann ich in dem diffusen Licht des Nachthimmels erkennen, auch einige Wälder sind zu sehen. Nicht weit entfernt steigen die langgezogenen Klippen an der Küste empor. Langsam nähere ich mich an die tiefen Felsen und genieße den Ausblick, soweit meine Augen meine Blicke tragen lassen, über das weite offene Meer. Keine Städte und keine Menschenmengen sind zu erkennen, in welche Richtung ich mich auch wende. Die Stille empfängt mich wie einen alten Freund. Frostiger Wind peitscht mir in mein blasses Gesicht und kündigt damit einen winterlichen Sturm an. Ich ziehe die Arme näher an meinen Körper, um mich vor der Kälte zu schützen, möchte mir einen schneesicheren Platz suchen, doch das Meer hat eine hypnotische Wirkung, je länger ich es beobachte.

Laute Rufe und wildes Gebell reißen mich jedoch aus meiner Trance heraus. Ich sehe mich um und entdecke entfernt einen Hundeschlitten auf mich zu kommen. Kleine Lichter baumeln im Wind an dem Gefährt hin und her. „Das ist dann wohl mein Abholservice..", lache ich vor mich hin und begebe mich zurück zu meinem leicht eingeschneiten Gepäck. An diese tiefe Dunkelheit müssen sich meine Augen erst noch gewöhnen. Mit einem lauten „Ho!" bleibt der Schlitten vor mir stehen. Eine Schneewolke bläst mir ins Gesicht. Zehn hübsche, wenn auch hechelnde und atemlose, Huskies sind vor den hölzernen Schlitten gespannt. Zu gerne würde ich jeden von ihnen kurz mal streicheln. Hunde haben mich schon immer begeistert, wieder etwas, was ich nicht in meinem Leben haben durfte. Ein großer bärtiger Mann, welcher in einem Holzfällerhemd und Jeans gekleidet ist, verbeugt sich vor mir und begrüßt mich mit den Worten:

„Willkommen, du musst Luna Doucer sein. Mein Name ist Ragnarok und ich werde dich zu deinem neuen Zuhause geleiten."

Überrascht von den guten Deutschkenntnissen, und seiner Kleiderwahl bei dieser Kälte, lächele ich bloß verlegen, nicke kurz und helfe Ragnarok beim Verstauen des Gepäcks auf dem Schlitten. Sobald alles fest gebunden ist und ich einen geeigneten Sitzplatz gefunden habe, startet der Schlitten in das Ungewisse. Es ist eine sehr stille Fahrt, bloß unterbrochen von Ragnaroks Befehlen an die Schlittenhunde und deren lautstarke Rückmeldung in Form von Gebell. Während der eiskalte Wind meine Glieder versteift und mir undefinierte Spuren der Hunde ins Gesicht fliegen, beobachte ich die vorbeiziehende Natur. Auch während der einstündigen Fahrt kann ich keinerlei Einwohner entdecken. Ich frage mich, ob er mein neuer Pflegevater ist oder ob sich meine Pflegefamilie so etwas wie einen privaten Taxifahrer leisten kann. Die Zeit verfliegt und wir erreichen eine einsame und unscheinbare Holzhütte, für meine Augen die einzige Behausung weit und breit.

Sie ist recht klein, hat wenig Fenster und in der Nähe befindet sich ein kleiner Wald mit anliegendem Lagerplatz für gehacktes Holz. „Willkommen Zuhause", sagt Ragnarok beinahe teilnahmslos. Unsicher nähere ich mich dem Gebäude, aus welchem freundliches Licht durch die kleinen Fenster scheint und mir so den Weg weist. Will mich niemand begrüßen? Lebe ich hier alleine? Oder war ich so dumm einem merkwürdigen Mann zu vertrauen, der zufällig meinen Namen wusste?

Die Haare in meinem Nacken stellen sich auf und Unbehagen zieht in meiner Magengrube. Ich überlege einfach loszurennen, als auf einmal die krumme Tür auffliegt und zwei Personen aus der Hütte treten. Überrascht bleibe ich in Schockstarre stehen, bis ich eine der beiden Personen erkenne. Mein Unbehagen verfliegt und macht der großen Freude Platz. „Iduna, es ist so schön hier zu sein!", rufe ich, während ich meiner neuen Pflegemutter um den Hals falle.

Wir umarmen uns innig, ein Gefühl der Wärme und Liebe macht sich in meinem Innersten breit und ich erinnere mich, wie sehr ich mich immer wieder auf ihre Besuche gefreut hatte. Nun nähert sich auch die andere Person, ein junger Mann stellt sich neben Iduna und lächelt freundlich. „Hallo, mein Name ist Laurin. Ich schätze, ich bin dein neuer Pflegebruder." Er verbeugt sich tief und wartet auf meine Antwort. Gänsehaut breitet sich auf meinem gesamten Körper aus, welche nicht der Kälte geschuldet ist. „Hallo Laurin", reagiere ich sichtlich nervös. Plötzlich ist mir ganz flau im Magen. Noch nie habe ich in meinem Leben einen so schönen Mann gesehen. Laurin ist groß, muskulös und hat strahlend blaue Augen. Er wirkt auf mich sehr gefasst, was ich sehr bewundere, denn ich fühle mich wie ein Häufchen Elend in dieser Situation. Ich kann mir nicht helfen, aber wenn ich Laurin ansehe, spüre ich eine tiefe Verbundenheit, als würde jede meiner Körperzelle sich mit ihm verbinden wollen. Seine ganze Ausstrahlung hat etwas göttliches und doch ist er ein ganz normaler Mann.

Ragnaroks Stimme findet nur schwierig einen Weg in mein Bewusstsein. „Laurin ist genauso wie du siebzehn Jahre alt, ihr werdet euch sicherlich gut verstehen", bemerkt er während er allein das Gepäck in die kleine Hütte trägt. „Na kommt schon alle rein, bevor die Wärme komplett verschwunden ist! Wir heizen hier doch nicht die Insel." Wir folgen Ragnarok in das Innere des Hauses. Das erste, was mir auffällt, sind viele Tierfelle, vor allem von Rentieren und Bären. Offenbar werden sie hier weniger zu dekorativen Zwecken sondern mehr als Decken verwendet. Alle stehen in einem großen Raum, Wärme und Licht strahlt von dem flackernden Feuer im Kamin aus. Dieser Raum ist offensichtlich ein Mehrzweckraum, denn hier ist Flur, Wohnzimmer und Küche vereint. Alles ist sehr eng gestellt und nur spartanisch eingerichtet. So habe ich mir mein neues Zuhause nicht vorgestellt, aber alles ist besser als das Heim, indem ich noch vor ein paar Stunden leben musste. Von dem großen Mehrzweckraum gehen drei kleine Flure zu verschiedenen Zimmern.

Ich vermute, dass es sich um das Elternschlafzimmer, ein Badezimmer und ein Kinderzimmer handeln muss.
Ein zusätzliches Zimmer muss durch einen abgelegenen Gang erreichbar sein.
Meine fragenden Blicke müssen auffällig genug gewesen sein, denn Ragnarok zeigt in Richtung des vermeintlichen Kinderzimmers mit den Worten: „Du und Laurin wohnt gemeinsam dort.
Ich hoffe doch, das ist kein Problem. Wir haben dir extra eine eigene Seite mit deinen eigenen Möbeln eingerichtet. Hoffentlich gefällt es dir."
Na klasse, ein Zimmer mit dem heißesten Kerl der Welt teilen, überhaupt kein Problem.
Aus Gewohnheit mache ich einen tiefen Knicks und gehe Richtung Kinderzimmer. Im Heim hatte man uns von Anfang an beigebracht, dass höfliche Damen immer einen Knicks zum Dank oder zum Abschied machen. Ich fand es zwar schon immer total bescheuert, aber wenn wir Heimkinder nicht hörten, drohte Prügel, also fügte ich mich diesem Blödsinn.

Mittlerweile hatte ich es komplett verinnerlicht, sodass es zu einem Reflex wurde. Ich öffne zaghaft die Tür und bin überrascht von der Größe des Zimmers.

Betrachtet man das Haus von draußen, erwartet man keine riesige Hütte, sondern einen großen Raum und mehr nicht. Links ist Laurins Seite, das kann ich an den Bildern von Familie und Freunden an der Wand erkennen. Das gesamte Zimmer ist in einem hellen und freundlichen beige Ton gehalten. Auf beiden Seiten steht jeweils ein Bett, ein Kleiderschrank, ein kleiner Schreibtisch mit einem Hocker davor und einem Regal darüber. Ragnarok folgt mir mit meinem Gepäck und stellt es vor meinem Bett ab. Etwas springt mir sofort ins Auge. Ich bewundere die Gravur im Holzrahmen. Jemand hatte extra meinen Namen in das Bett geschnitzt, zusammen mit einigen Sternen. Ich sehe ihm tief in die Augen und lächele. „Es gefällt mir sehr, Dankeschön Ragnarok."

Er verlässt stolz das Zimmer, um mich in Ruhe ankommen zu lassen. Somit dürfte auch die Frage über Ragnaroks Rolle in dieser Familie geklärt sein. Mittlerweile merke ich wie lange und anstrengend die Reise in Wirklichkeit für mich war.
Die Knochen tun mir weh, die Müdigkeit hängt mir tief in den Gliedern und gefühlt hatte ich seit einer Ewigkeit nichts mehr gegessen. „Oh, wie praktisch." Auf meinem Schreibtisch steht eine Schüssel voller Moltebeeren, welche in den Reiseführern als sehr köstlich beschrieben wurden. Ich greife beherzt zu, erinnern sie von der Form her an Himbeeren, und erschrecke beim Kauen. Keine Süße, ein herber Geschmack breitet sich in meinem Mund aus. „Na ja, immerhin was zu essen." Nachdem ich die Schüssel leer gegessen habe, beginne ich meine Sachen zu verstauen. In meinen großen Kleiderschrank räume ich meine Winterjacken, ein paar Jeans und Pullover, Socken und Unterwäsche und etwas Sommerkleidung wie T-shirts, kurze Hosen und meine Lieblingssandalen.

Von dem Verstauen der Sachen ist mir so warm geworden, dass ich mich meiner Winterkleidung entledige und diese ebenfalls im Schrank verstaue. Auf das Regal über dem Schreibtisch stelle ich meine Bücher. Zuerst meinen ganzen Stolz, die komplette Buchreihe eines Fantasyromans über einen Zauberschüler und seine Freunde, die verschiedene Abenteuer überstehen müssen. Immer wieder habe ich diese Bücher gelesen, bin in die magische Welt abgetaucht und habe die Abenteuer erlebt. Wie oft habe ich mir gewünscht, Teil dieser Geschichten zu sein und aus meinem langweiligen Heimleben ausbrechen zu können. Im Heim habe ich mich wie der Junge bei seiner nicht magischen blöden Pflegefamilie gefühlt. Gedankenverloren räume ich ein paar leere Notizbücher daneben, ein Geschenk der Heimleitung, sollte ich Interesse am Tagebuchschreiben entwickeln. Auf das große Bett packe ich meine braune Kuscheldecke und mein kleines Wolfsstofftier zu dem schon vorhandenen Bettzeug, neben ein paar Fotos das Einzige was mir von meinem Vater geblieben ist.

Auf den Schreibtisch verteile ich Stifte, Sachen zum Malen und Basteln sowie ein Stehbilderrahmen. In dem Bilderrahmen ist ein Foto von mir als Baby auf den Armen meines Vaters.
Tränen steigen mir in die Augen und mein Magen zieht sich krampfhaft zusammen. Er fehlt mir wahnsinnig, besonders jetzt wo bald Weihnachten vor der Tür steht.

An Weihnachten 2001 kam ich ins Heim, mit nichts außer einem blutverschmierten Schlafanzug am Leib, meinem Wolfsstofftier und einer von den Polizisten gepackten Tasche mit Kleidung und Fotoalben. Damals war ich fünf Jahre alt. Lautes Magenknurren ruft mich aus der Vergangenheit zurück in die Gegenwart. Die Beeren haben nicht ansatzweise meinen Hunger befriedigt. Ein Blick auf die Uhr verrät mir es ist Zeit zum Abendessen, achtzehn Uhr. Iduna hat bei den persönlichen Treffen oft erwähnt, wie wichtig ihr unter anderem pünktliche Mahlzeiten sind. Ich räume meine Koffer beiseite und gehe zurück in das Wohnzimmer, in welchem es schon lecker nach Essen duftet. Ich setze mich neben Laurin an den hölzernen runden Tisch und lausche gespannt dem angeregten Gespräch zwischen ihm und Ragnarok. „Wenn ich es dir doch sage, ich habe im Wald ein Rudel Wölfe gesehen. Gar nicht weit weg von hier." - „Ich glaube dir ja, Laurin, aber ich habe dir oft genug gesagt, dass du sie in Ruhe lassen sollst. Die Wölfe tun uns nichts solange wir ihnen nichts tun."

Iduna deckt den Tisch und lächelt mich an. „Solche Unterhaltungen habt ihr im Heim bestimmt nicht geführt, oder? Aber keine Angst, du bist hier sicher. Wölfe meiden Menschen so gut es geht." Ich drücke meinen Rücken gerade und versuche einen selbstbewussten Eindruck zu hinterlassen, während ich das Wort ergreife. „Ich habe keine Angst vor Wölfen, sie sind meine Lieblingstiere." Iduna kommt schmunzelnd zurück mit einem Topf voller Fischsuppe in den Händen und gibt jedem etwas davon in eine Schüssel. Daneben legt sie ein Stück Brot. Während des Essens verliert niemand ein Wort über die Wölfe oder ein anderes Thema. Auch wenn ich kein Fan von Fischgerichten bin, haue ich kräftig rein. Das Essen, die Kälte, alles ist eigentlich nicht so wirklich meins, aber ich werde mich so oder so daran gewöhnen müssen. Nach dem Essen räume ich mit Laurin zusammen den Tisch ab. Seine Nähe vernebelt mir den Geist. „Weißt du, Kleines, hier im großen Norden sind die Wölfe etwas anders als bei euch im Zoo. Sie fürchten sich nicht, sie werden gefürchtet.

Wenn sich einer von ihnen von dir bedroht fühlt oder seit Langem nichts mehr gegessen hat, solltest du schnell auf Bäume klettern können, meine Hübsche." Kopfschüttelnd spüle ich weiter das Geschirr. „Spar' dir die Mühe, du jagst mir keine Angst ein", fahre ich ihn an und lasse ihn alleine am Spülbecken stehen. Kurz vorm Schlafengehen genehmige ich mir eine lange entspannende Dusche, putze mir die Zähne, um den ekligen Fischgeschmack loszuwerden, und lege mich ins Bett. Kaum habe ich mich in meine Kuscheldecke gekuschelt, fallen mir die Augen zu und ich beginne zu träumen.

~☆~

Es ist eine kalte und verschneite Winternacht als sich Luna aus der Zaubereischule schleicht. Sie hat in der Nähe von der naheliegenden Stadt geflügelte Pferde entdeckt, welche nur von denjenigen gesehen werden konnten, die den Tod gesehen hatten, und um welche sie sich kümmern wollte. Nachdem sie die Tiere nicht finden konnte, wollte sie wenigstens den ersten Schnee des Jahres in der Stadt erleben, bevor alle für Weihnachten mit dem Zug nach Hause fuhren. Der Wind bläst ihr eine Zeitschrift ins Gesicht. Sie trägt das Datum des 20.12.1993. Auf der Titelseite steht eine Geschichte über einen angeblichen Massenmörder, welcher benannt wurde nach einem schwarzen Stern. Als sie die Zeitung in einer Nebenstraße im Müll entsorgen wollte, hörte sie eine Stimme. Sie erkennt jene sofort. Es ist ihr Schulleiter. Luna versteckt sich, denn er ist nicht allein. Vor ihm steht ein junger Mann, den sie noch nie gesehen hatte.

Sie kann nichts verstehen und versucht näher unbemerkt an das Geschehen zu kommen. Der Professor und der mysteriöse Mann haben offensichtlich ein Streitgespräch. Der Mann bedroht den Professor, er würde die Familiengeheimnisse an die Tageszeitung verkaufen. Luna kann sehen wie der ältere Mann erblasst. Bevor sie verschwinden konnte, wurde aus dem hitzigen Streit eine handfeste Schlägerei. Während des Kampfes verliert er seinen magischen Lichtmacher. Luna rennt aus ihrem Versteck und schnappt ihn sich. Als sie sich erhebt, sieht sie wie ihr Schulleiter seinen Zauberstab anhebt. Reflexartig lässt sie den Lichtmacher klicken und die Stadt stürzt ins Dunkel... und die Nacht wurde von einem grünen Licht erleuchtet.

Ein lauter Knall. Ich sitze erschrocken und schweiß gebadet senkrecht in meinem Bett. Von dem schnellen Aufwachen dreht sich alles in meinem Kopf, mein schneller Puls droht meine Adern zu zerreißen. Ich schaue mich verwirrt um, Laurin ist auch schon auf den Beinen und durchquert das gemeinsame Zimmer. Ich bemerke, dass er immer noch seine Kleidung vom Abend an hat. Ob er wohl noch nicht geschlafen hat? Ich reibe mir mit meinen Zeige – und Mittelfingern über die Stirn. So oft wie ich die magischen Geschichten gelesen hatte, verwundert es mich nicht, dass ich von magischen geflügelten Tieren, verzauberten Schulen oder Städten träume. Laurins Stimme durchbricht meinen Gedankenstrom. „Hab' keine Angst, das ist nur ein annähender Schneesturm und der Wind hat die Fensterläden zugeknallt." Ich quäle mich aus meinem warmen Bett in das kalte Zimmer, gehe zum großen Fenster und öffne die Läden. Ein kalter Windstoß begrüßt mich freundlich.

Ich lehne mich gegen die Fensterbank und beobachte die einzelnen Schneeflocken, wie sie in der Luft tanzend zu Boden sinken, wie kleine Balletttänzerinnen. Eine Schneeflocke schöner als die andere und doch so kalt und tödlich. Es erinnert mich an meinen Traum. Oft frage ich mich, ob meine Träume eine Bedeutung haben und was sie für mich und meine Zukunft bedeuten könnten.

Ein heißes Geheimnis

Am nächsten Morgen werde ich von einem lieblich süßen Duft geweckt, der aus der Küche in mein Zimmer zieht. Der Geruch von heißer Schokolade kitzelt mich in der Nase und weckt meinen Geist. Noch ganz müde von der nächtlichen Unterbrechung gehe ich, in meine warme Kuscheldecke gewickelt, in die Küche. „Guten Morgen zusammen! Du meine Güte, ist das eine Eiseskälte hier!"

Iduna deckt den Tisch und scheint dabei ganz in Gedanken zu sein. Fragend sehe ich zu Laurin, der nur abwinkt. Mit gesenkter Stimme frage ich: „Ist alles okay mit ihr?" Laurin lächelt mich an. „Ja, manchmal ist sie etwas geistesabwesend, aber man gewöhnt sich daran. Wie hast du geschlafen?"

Verschlafen reibe ich mir die Augen. „Ich hatte einen merkwürdigen Traum, aber ansonsten ganz gut." Iduna setzt sich zu uns, wünscht uns allen einen guten Appetit und wir beginnen zu frühstücken. Ein Platz am Tisch bleibt leer. „Hey, wo ist denn Ragnarok?", frage ich verwundert. Laurin und Iduna sehen sich beide kurz an und Iduna antwortet mir emotionslos: „Jagen". Irgendetwas stimmt nicht, das spüre ich, ich bringe jedoch den Mut nicht auf nachzuhaken. Nach der gemeinsamen Mahlzeit haben Laurin und ich wieder Spüldienst, aber auch er schweigt lieber. Nach kurzer Zeit schickt Iduna ihn Holz holen, Laurin schmeißt genervt das Spültuch in die Ecke, zieht sich warm an und stürmt hinaus in den Schnee. Nach getaner Arbeit nehme ich allen Mut zusammen und wende mich Iduna zu. „Sag mal, Iduna, ich möchte dich ja nicht stören, aber wann fängt denn hier die Schule an? Und gibt es hier keine anderen Menschen außer uns?" Iduna rollt genervt mit den Augen, während sie das Haus weiter aufräumt.

„Hier unterrichtet man zuhause, aber in deinem Alter ist die Schule bereits zu Ende. Die nächsten Menschen leben gut zweihundert Kilometer weit weg in der nächsten Stadt. Zieh' dich jetzt an. Laurin braucht schon zu lange und du kannst ihm helfen.
Ich habe hier genug zu tun."
Mit dieser unbefriedigenden Antwort fühle ich mich mehr oder weniger abgeschoben. Ob sich so ein normales Familienleben anfühlt? Dennoch steigt eine kleine Hitze in mir auf, denn ich werde Zeit alleine mit Laurin verbringen. Immer wenn unsere Blicke sich streifen, habe ich das Gefühl, dass es ihm so ähnlich geht wie mir bei seinem Anblick.

Meine Füße tragen mich schnell in das gemeinschaftliche Zimmer. Der Duft seines Deodorants zieht mir in die Nase und vernebelt mir kurz die Sinne, bevor ich daran denke, meine Winterkleidung aus dem Schrank zu holen. Ich ziehe mich warm an und stürme die Tür hinaus. Der Wald, in welchem sich Laurin aufhalten muss, ist ungefähr einhundert Meter von dem kleinen Häuschen entfernt. Tiefe Spuren im Schnee verraten mir in welche Richtung ich gehen muss. Ich ziehe die Mütze tiefer über die Ohren und rücke die Jacke zurecht. An diese Kälte muss ich mich wirklich erst noch gewöhnen. Der Wald ist schnell erreicht. Unsicher bleibe ich davor stehen.

„Laurin? Bist du hier?" Ich bekomme keine Antwort. Noch einmal nehme ich all meinen Mut zusammen.

„Laurin bitte, Iduna sagt ich soll dir helfen." - „Verschwinde Luna!", raunt es mit tiefer Stimme aus dem Wald. „Aber ich soll dir helfen." Plötzlich erscheint Laurin vor mir zwischen den Ästen, nimmt mich an die Hand und zieht mich hinter sich in den Wald hinein.

Die Äste der Tannen sind so eng und tief gewachsen, dass ich kaum etwas sehen kann. „Laurin, mach doch mal langsam, ich..." Abrupt bleibt Laurin stehen, dreht sich zu mir um und legt mir einen Finger auf meine rosaroten Lippen. Gänsehaut verbreitet sich auf meinem gesamten Körper, mir ist heiß und kalt zugleich. Laurin ist mir ganz nah und alles kribbelt in mir. Seine wunderschöne Erscheinung, seine tiefe Stimme – einfach alles verschlägt mich in seinen Bann. Ich gehöre ihm. Nein, ich <u>muss</u> ihm gehören. Ich atme seinen betörenden Duft ein und möchte seine Lippen an meinen spüren. Ich träume davon, meinen Wunsch in die Realität zu verwandeln, überlege mich vorzubeugen, jedoch wendet sich Laurin in dem Moment von mir ab.

Sein Blick schweift in die Ferne.

„Du musst leise sein, Kleines, siehst du die Spuren dort im Schnee? Wölfe."

„Aber ich dachte sie meiden uns Menschen?"

Sämtliche Muskeln spannen sich in meinem Körper an.

„Ragnarok ist gestern Abend im Sturm raus, um das Haus vor dem Wind und den Schneemassen abzusichern und ist seitdem nicht mehr zurückgekommen. Am Haus konnte ich in dem hohen Schnee keine Spuren erkennen. Ich denke die Wölfe haben ihn noch während des Sturms von der Hüte weggezerrt." Stille drückt mir auf die Trommelfelle und endet in einem hohen durchgängigen Piepsen. Laurin bemerkt meine Unbeholfenheit und nimmt mich in den Arm. Seinen Körper an meinem zu spüren, nimmt mir die Angst und meine Ohren beruhigen sich wieder. „Keine Sorge, Luna, Ragnarok ist stark und die Götter wachen über uns." Sanft küsst er meine Stirn. Die weiche Haut unter seinen Lippen verzehrt sich nach der Berührung. Laurin strahlt eine unglaubliche Anziehung aus, von welcher ich jedes Mal in seiner Nähe schwach werde.

„Komm, Kleines, hier liegt bereits gehacktes Holz.
Du kannst mir helfen das rein zutragen."

Schon wieder dieses Wort. Kleines.

Wir packen uns die Arme voller Holz und gehen zum Haus zurück. Wir schlichten das Holz im Wohnzimmer an der Wand auf und Laurin macht ein Kaminfeuer an, um das Haus aufzuwärmen. Überflüssig fühlend beschließe ich das Haus zu durchstreifen, um Iduna nochmal in ein Gespräch zu verwickeln. „Jetzt ist Iduna auch schon verschwunden, ist ja wie in einem Horrorfilm", bemerke ich witzelnd und stelle mich zu Laurin vor das angenehm prasselnde Feuer. Wärme durchströmt meine gefrorenen Knochen. Ich sehe ihm tief in die Augen und kann mein verlegenes Lächeln nicht verbergen. „Wieso guckst du mich eigentlich immer so komisch an?" , fragt Laurin sichtlich genervt. „Wie guck ich denn?" Ich verdrehe demonstrativ die Augen. „Als ob du auf mich stehen würdest.." Ein kurzer Schock schießt durch meine Adern und ich erröte sofort.

Ist es denn so offensichtlich?

„Ach, bild' dir doch nichts ein, Laurin."

Ein verlegenes Lachen entweicht meiner Kehle.

Laurin bewegt sich auf mich zu, öffnet langsam den

Reißverschluss meiner Jacke und grinst mich hämisch an. Alle feinen Härchen an meinem Körper stellen sich auf. Ich drehe ihm den Rücken zu und riskiere mein Glück. „Wenn du sie schon aufmachst, kannst du sie mir auch komplett ausziehen." Laurin kommt mir so nahe, dass ich seinen Atem in meinem Genick spüren kann. Eine unbeschreibliche Präsenz geht von ihm aus, vernebelt meinen Geist, zwingt mich ihm zu gehören und mich willig wie Gott mich schuf zu zeigen. Langsam zieht er mir die Jacke aus und lässt sie mit einem gut gezielten Wurf im gemeinsamen Zimmer verschwinden. Mit seiner linken Hand nimmt er meine blonden Haare und schiebt sie zur Seite. Zärtlich küsst er meinen Nacken. Mir entfleucht ein leises Stöhnen und ich spüre Laurins Lächeln auf meiner Haut. Mit seiner rechten Hand dreht er mich zu sich um und sieht mir tief in die Augen.

„Wir dürfen das nicht tun."

Mein Herz setzt kurz aus,
aber ich möchte jetzt nicht aufgeben.
„Das ist mir egal, Laurin, ich will dich."
Ich lege meine Hände um seinen Hals und küsse ihn liebevoll auf den Mund. Nach einigen zarten Küssen stoppe ich kurz, um mich zu vergewissern, dass es für ihn kein Problem ist. Wir lächeln uns an.
„Komm her, Kleines."

Laurin packt mich mit beiden Händen an meiner Hüfte und zieht mich ganz nah an sich heran. Ich küsse ihn innig, lasse meine Zunge kurz an seiner tanzen und drücke meine Hüfte an seine. Sein steifes Glied begrüßt mich durch seine Jeans wie einen lang vermissten Freund. Er stöhnt kurz auf. Sein Stöhnen ist so tief wie das Knurren eines Wolfes, was mich noch mehr in Fahrt bringt. Laurin schiebt mich vorsichtig mit seinem Körper zum Esstisch, hebt mich darauf und zieht sich seinen braunen Pullover aus. Ein wunderschön geformter Körper gibt sich mir Preis. Ich ziehe meinen grünen Pullover aus, lasse meine Beine auseinander gleiten und nehme diesen umwerfenden Kerl vor mir an die Hand.

„Komm zu mir", flüstere ich.

Laurin betrachtet meinen Körper, nähert sich mir und küsst sanft meinen Hals. Ich lege meine Hände um seinen Nacken und ziehe ihn näher an mich heran. Sanft lässt er seinen Zeigefinger von meinen vollen Lippen, über den Hals bis hin zu meinen Brüsten gleiten.

Ich stöhne leicht vor Erregung auf und öffne meinen rosafarbenen BH. Laurin kann seinen Blick kaum von meinem Dekolleté abwenden, was mir ein begehrenswertes Gefühl schenkt. Er beginnt meine Brüste zu streicheln und zu küssen. Seine weichen Hände an meinem Körper zu spüren, versetzt mich in Ekstase. Meine Nippel verhärten sich als er mit seiner Zunge an ihnen leckt. Ein elektrisierendes Gefühl verbreitet sich in meinem Körper, sucht sich seinen Weg zwischen meinen Beinen. Ich lege mich auf den Tisch, hebe meinen Po in die Luft und entkleide mich meiner Hose. Laurin kniet sich vor mir hin, schiebt mit der linken Hand meinen rosaroten Slip zur Seite und streichelt sanft meine leicht behaarten Schamlippen.

Ich spüre die Feuchte zwischen meinen Beinen und bewege meine Hüfte näher zu seinem Gesicht. Laurin stupst mit seiner Nasenspitze meinen Kitzler an und fängt an mich zu lecken, erst sanft dann mit Druck. Ich versuche mich am Tisch festzukrallen und bewege meine Hüfte im Takt, während ich laut stöhne. Kurz bevor ich komme, stoppt Laurin und entledigt sich seiner Jeans und seiner Boxershorts. „Darf ich?", fragt er mit einem vielsagenden Grinsen im Gesicht. Ich setze mich auf und bewundere seinen athletischen Körper in seiner kompletten Schönheit. Meine Antwort voraussahnend streift er sich ein Kondom über sein Gemächt, während er mich mit seinen Augen fixiert.

„Nimm mich!"

Laurin hebt mit seiner linken Hand leicht meinen Po an und lässt sein erregtes Glied langsam in mich gleiten. Als Resonanz bekommt er ein lautes Stöhnen. Vorsichtig bewegt er seine Hüfte vor und zurück bis ich mich zurück auf den Tisch fallen lasse. Laurin packt meine Hüften, bewegt sich schneller. Während er in mir vor und zurück gleitet, streichelt er mit seinem rechten Zeigefinger über meine angeschwollene Klitoris. Halt suchend greife ich nach seinen muskulösen Armen und lasse mich komplett in unseren Tanz der Gelüste fallen. Laut stöhnend komme ich zitternd unter seinem leicht über mich gebeugten Körper auf meine Kosten.
Von meinem Stöhnen so erregt, ergießt Laurin seinen Saft in mir und legt sich mit seinem leicht verschwitzten Körper auf mich, während er vorsichtig seine Männlichkeit aus meiner Scheide gleiten lässt. Er hört gebannt meinem schnellen Herzschlag zu und streichelt meinen Körper. „Das war unglaublich", keucht er mir entgegen. Außer Atem stellt er sich hin und wartet auf meine Reaktion.

Ich klettere etwas tolpatschig vom Tisch und umarme ihn innig. Auch für mich war es unglaublich, aber ihm sagen kann ich es nicht, zu groß ist die Sorge etwas dummes von mir zu geben. Nach einigen Minuten stillen Schmusens schnappe ich meine Klamotten, welche verstreut auf dem staubigen Boden liegen, und verschwinde, von der Situation und meinen Gefühlen überfordert, im Bad. Ich schließe die Tür hinter mir ab und erlaube mir tief durchzuatmen. Anhand der Geräusche im Nachbarraum vermute ich, dass sich Laurin wieder angezogen hat und für Ordnung sorgen wird. Am gleichen Platz zu essen, wo wir gerade Geschlechtsverkehr hatten, wäre bestimmt auch für ihn eklig. Nach einiger Zeit höre ich wie die Haustür sich öffnet und dumpfe Schritte den Raum füllen. „Immer noch keine Spur von ihm. Langsam mache ich mir Sorgen. Mögen uns die Götter gnädig sein und ihn gesund zurück bringen."

Das düstere Geheimnis der Weihnacht

Kälte empfängt meine schlaftrunkenen Gedanken. Weder höre ich ein prasselndes Kaminfeuer, noch rieche ich ein leckeres Frühstück. Nur schwer kann ich mich aus dem Bett kämpfen und finde ein verlassenes Haus vor. Auf meinem Schreibtisch finde ich einen kleinen Notizzettel. Die Schrift ist schwierig zu lesen, aber Laurin hat mich darüber in Kenntnis setzen wollen, dass sie in die nächstgelegene Stadt gefahren sind und ich im Haus bleiben soll. Was sollte ich auch großartig hier machen? Die Hunde sind mit in die Stadt, draußen herrscht ein eiskalter Sturm und unser Haus wird laut Laurin von Wölfen belagert. Da vertreibe ich mir lieber hier drinnen die Zeit.

Ich ziehe mich warm an und schnappe mir eins der leeren Tagebücher. Vielleicht hilft es mir Herr – oder eher Frau – über meine Gefühle zu werden.

Liebes Tagebuch,

ich weiß gar nicht wo ich anfangen soll.

Noch vor gut einer Woche habe ich in Deutschland in einem armseligen Heim gelebt, nachdem ich meine Familie und mein Zuhause verloren habe... und meinen Vater. Er fehlt mir so verdammt sehr. Im Heim bin ich immer mehr meiner Trauer zum Opfer gefallen, bis ich irgendwann gar nichts mehr fühlen konnte. Frau Meier meinte, ich hätte Depressionen bekommen.

Aber sieh mich jetzt an! Ich lebe auf einer kleinen norwegischen Insel und habe eine neue Pflegefamilie. Auch wenn der Start nicht so verlaufen ist, wie ich es mir vorgestellt habe, bin ich sehr froh hier zu sein.

Ich bin so froh auf Laurin getroffen zu sein.

Er tut mir so gut.

Vieles ist zwar ungewohnt für mich, aber auch das werde ich nach und nach begreifen. Da bald Weihnachten vor der Tür steht, werde ich meine Familie mit selbstgemachter Dekoration überraschen. Sie macht gerade einiges durch und ich möchte sie aufmuntern. Ihnen das selbe gute Gefühl geben.

Bis demnächst.

Ich lege das Notizbuch zur Seite und überlege mir, was ich genau basteln könnte. Ich suche meine Sachen zurecht und lege los. Nach einigen Stunden, in welchen ich das laute Magenknurren absichtlich überhört habe, sind zwei lange Girlanden fertig gestellt und im Wohnzimmer aufgehängt worden. Sie sind grün, verziert mit Sternen und Zimtstangen. Stolz betrachte ich mein Werk. „Darüber werden sie sich bestimmt freuen!" Nachdem ich meinen Schreibtisch aufgeräumt habe, lege ich mich wieder in mein Bett. Da ich keine Ahnung vom Feuermachen habe, wärme ich mich mit Hilfe meiner Decken auf.

Gegen Mittag kommen Iduna und Laurin zurück, was ich erst bemerke, nachdem ein lauter Schrei mich aus meiner Traumwelt zieht. Schnell springe ich aus dem Bett und laufe in das Wohnzimmer, um zu sehen, was passiert ist. Nachdem niemand verletzt zu sein scheint, erwarte ich Freude in ihren Augen zu erkennen und bekomme blanken Hass zu spüren. Während Iduna meine Dekorationen zerreißt, steigen mir schmerzende Tränen in die Augen.

„Wieso tust du das?!"
Ich hoffe auf eine Antwort oder eine Reaktion, irgendetwas, was mir dieses Verhalten erklären würde. Kommentarlos wirft Iduna mir die Reste vor die Füße und lässt mich stehen. Meine nach Antworten suchenden Blicke bleiben an Laurin haften.
„Komm, Kleines, wir machen einen Spaziergang."
Ich ziehe mir meine warme blaue Daunenjacke und eine Mütze an und folge Laurin nach Draußen.

Es ist schwierig bei dieser andauernden Dunkelheit überhaupt etwas zu erkennen, weswegen Laurin mir eine kleine Laterne in die Hand drückt. Gemeinsam laufen wir einen geschotterten Weg entlang Richtung Wald und Klippen. Nach zwanzig Minuten Stille habe ich keine Lust mehr zu warten und ergreife wütend das Wort. „Kannst du mir endlich erklären was euer Problem ist? Ihr versteckt mich in dieser dämlichen Hütte wie Diebesgut, ich bekomme keine Fragen ordentlich beantwortet und jetzt so eine scheiß Aktion?" - „Luna, ich..." - „Ach sei ruhig!" Ich ertrage seine Stimme nicht. „Was kommen jetzt für spannende Ausreden? Mh? Und was ist das eigentlich zwischen uns? Und..."
Laurin kann sein Lachen nicht länger unterdrücken, es platzt aus ihm förmlich heraus, was mich umso wütender macht. „Was lachst du so bescheuert?!" - „Atmest du eigentlich auch mal während du dich so aufregst? Ich würde dir gerne deine Fragen beantworten, das heißt, wenn du mich lässt."

„Tu dir bloß keinen Zwang an."

Mittlerweile haben wir den Klippenrand erreicht. Ich setze mich auf einen kleinen Felsen, stelle die Laterne windgeschützt hinter mich auf den Boden und kuschel mich in meiner Jacke zusammen, um nicht in dem eisigen Wind zu erfrieren. Ich schaue auf das offene Meer hinaus, soweit das Licht des klaren Sternenhimmels es meinem Blick gestattet. Die Wellen brechen in der Bucht und der salzige Geruch zieht mir direkt in die Nase. Eine Brise schmeichelt sanft meinem Gesicht. Die frische Luft lässt meinen aufgebrausten Zustand zur Ruhe kommen.

„Luna, wir feiern kein Weihnachten. Na ja, wir feiern auch sonst keine christlichen Feiertage. Das hat seine Gründe. Um das achte Jahrhundert herum wurde in Europa das Christentum mit dem Schwert verbreitet. Menschen, die ihrem alten Glauben treu bleiben wollten, wurden vergewaltigt und grausam ermordet. Feiertage des alten Glaubens wurden christianisiert. Weihnachten ist zum Beispiel eins dieser Feste.

Ursprünglich hieß es Julfest, viele der Rituale und Bräuche wurden übernommen, um dem Glaubenswechslern die Lüge einfacher zu machen. Jesu Geburt? Selbst wenn er existiert hat, war die garantiert nicht an Weihnachten. Wir jedoch, wir sind dem alten Glauben treu geblieben. Deswegen ist Iduna so wütend geworden. Unsere Vorfahren sind durch die Hölle gegangen, das belastet sie bis heute, ich bin da etwas aufgeschlossener." Ich sehe zu Laurin herüber, es hat ihn offenbar viel Mut gekostet so offen über dieses Thema zu reden. Ich habe nie viel auf meinen Glauben, das Christentum, oder andere Glaubensrichtungen gegeben.

Ich habe mir auch nie Gedanken über die Herkunft gemacht. Nie habe ich mich gefragt, ob und wie das alles so war, denn ich war nicht streng gläubig. Aber nachdem Laurin mir die wahre Herkunft erzählt hat, weiß ich gar nicht was ich von dem Glauben der Nächstenliebe halten soll. Wie viele arme Menschen mussten leiden? Wie sehr musste Laurins Familie leiden?

Ich schäme mich für meine anfängliche Wut und lächele ihn ermutigend an. „Und was verstehst du unter dem alten Glauben?", möchte ich wissen.

Laurin läuft auf der Stelle hin und her, überlegt offenbar sehr genau seine nächsten Worte. „Nun ja, manche nennen es germanisch, andere heidnisch und wieder andere bezeichnen uns als Hexen. Wir haben viele Götter, nicht nur einen. Wir haben viele Feiertage mit verschiedenen Riten und Bräuchen, genauso wie ihr, na ja, etwas blutiger als bei euch wird es wahrscheinlich schon sein. Bald feiern wir Wintersonnenwende, da wirst du sehen was ich meine."

Stille kehrt ein. Nur das Rauschen des Meeres ist zu hören. Ich beobachte weiter die Wellen, wie sie schäumend sich immer wieder auftürmen und dann zerbrechen, ähnlich wie meine Gefühle. Auf welche Umstellungen muss ich mich wohl noch gefasst machen?

Ist es das Ganze überhaupt wert?

Und was meinte er mit „*blutig*"?

Als wir beide nach Hause kommen, erwartet uns ein warmes Kaminfeuer und frisch gekochtes Essen. Aber keine Iduna. Da ich keine Lust auf noch mehr Drama habe, spare ich mir die Fragerei, wo Iduna schon wieder stecken könnte. Man würde mir sowieso nicht antworten. Wir setzen uns gemeinsam an den Tisch, essen in unser Schweigen vertieft und spülen danach das Geschirr ab. Er räuspert sich kurz, packt mich an der Hüfte und zieht mich dicht an sich heran. Ihn so nah an mir zu spüren ist alles was ich mir wünsche. „Ich weiß nicht was das zwischen uns ist...", flüstert er mir ins Ohr, „...aber wir sollten es geheim halten. Meine Eltern würden ausrasten, wir sind ja quasi Geschwister." Mein Herz setzt schmerzhaft einen Schlag aus, ich befreie mich aus seinem Griff und schubse ihn von mir weg.
„Prima, dann sollten wir uns auch dementsprechend verhalten, findest du nicht?" Ich gehe wutentbrannt in das gemeinsame Zimmer, hole mein Lieblingsbuch und setze mich vor den Kamin, um in Ruhe zu lesen und mich wieder zu beruhigen.

Laurin bleibt wütend in der Küche zurück und beobachtet mich. Stunden vergehen, bis Iduna spät am Abend nach Hause kommt. Sie sieht völlig fertig aus und doch bemüht sie sich mir ein entschuldigendes Lächeln zu schenken. „Hast du Lust mit mir zu sprechen, kleiner Mond?" Ich erwidere ihr Lächeln, lege mein Buch zur Seite und rücke ein wenig auf dem Sofa zu Seite. Auch wenn durch meine Bewegung kaum Platz für sie frei geworden ist, nimmt sie diese Geste an und setzt sich auf die Lehne des Möbelstücks. Ich sehe, wie sie mit sich ringt, darum ergreife ich das Wort.

„Laurin hat mich über euren Glauben und die Gräueltaten aufgeklärt. Es tut mir sehr leid, ich wollte euch nicht verärgern oder gar verletzen. Dich trifft keine Schuld für deine Reaktion, eine Erklärung von dir hätte mir dennoch viel bedeutet." Wir nehmen uns in die Arme und genießen die Restwärme des Feuers.

Das Ritual

Die Tage vergehen und Ragnarok bleibt verschwunden. Niemand scheint sich wirklich Sorgen zu machen und immer, wenn ich das Thema anspreche, wird es schnell gewechselt. Irgendetwas verheimlichen die Beiden, das kann ich spüren. Es nervt mich von niemandem ernst genommen zu werden. Ich verstehe nicht, wie es Laurin so egal sein kann, seinen Vater vielleicht für immer verloren zu haben. Mir bricht mein Verlust noch immer das Herz. Mittlerweile steht die Mütternacht oder Wintersonnenwende vor der Tür. An diesem Tag steht die längste Nacht des Tages bevor. Damit während der Nacht keine bösen Geister in das Haus gelangen konnten, wurden damals wie heute alle Fenster vernagelt und Salz davor verstreut.

Ich verstehe den ganzen Trubel nicht, möchte mich aber meiner neuen Familie anpassen und helfe so gut ich kann. Am späten Nachmittag holen wir alle gemeinsam eine große Menge Holz herein, vernageln die Haustür und zünden sowohl Kerzen als auch den Kamin an. An jeder Ecke des Hauses, auf den Fensterbänken und auf den Tischen flackern längliche weiße Kerzen, wodurch das kleine Häuschen eine magische Atmosphäre ausstrahlt. Das Kaminfeuer muss während der gesamten Nacht brennen. Wenn wir das schaffen, haben wir ein Jahr lang Glück. So besagt es zumindest der Glaube meiner Familie.

Ich beschließe im Wohnzimmer zu schlafen, dadurch gewinne ich zum einen etwas Freiraum und zum anderen merke ich hoffentlich rechtzeitig, wenn das Feuer ausgeht und kann schnell Holz nachlegen. Nach dem letzten gemeinsamen Gespräch mit Laurin, wenn man seine Abfuhr so nennen mag, haben wir nur noch das nötigste an verbaler Kommunikation gehabt. Es tut zwar weh, aber ich habe keine Lust in irgendwelche Spielchen verwickelt zu werden. Eisiger Wind reist mich aus meinen Träumen. Laurin befreit gerade die Türen und Fenster von den festgenagelten Brettern. „Guten Morgen, Sonnenschein. Hab ein schönes Julfest!" Überrascht gucke ich auf den an der Wand hängenden Kalender. „Aber es ist doch erst der 21. Dezember?" - „Bei uns sagt man auch in der Vorbereitungszeit Julfest, ab der Wintersonnenwende. Komm, wir müssen noch einige Dinge erledigen." Ich sehe mich verschlafen um und entdecke Iduna in der Küche. Langsam nähere ich mich ihr an und beobachte sie, wie sie gerade etwas bastelt. „Was machst du da?", frage ich gespannt.

„Das sind kleine Radkreuze, wir zünden sie am Jultag an und lassen sie ins Meer rollen. Damit feiern wir die Geburt der Sonne." Laurin bringt mir meine blaue Jacke und meckert: „Na komm schon!" So aufgeregt habe ich ihn noch nie erlebt. Schnell folge ich ihm nach draußen in die Kälte und kann meinen Augen nicht trauen. Vor mir sehe ich ein großes Feuerwerk und Laurin davor, welcher voller Stolz strahlt. „Wann hast du denn das aufgebaut?", rufe ich verwundert. Doch er antwortet nicht. Laurin tanzt wie besessen um das wild flackernde Feuer. Die ausstrahlende Hitze treibt mir Schweiß auf meine Haut und ich muss mich unweigerlich fragen, wie er das nur beim Tanzen aushalten kann. Während er für mich unbekannte Tanzschritte vollführt, trinkt er Met aus einer braunen Flasche. Im Hintergrund sehe ich die Huskies toben, ein ulkiges und doch ein wirklich schönes Bild. Unsicher geselle ich mich zu ihm und beobachte ihn, bevor er mich in den Tanz entführt.

Sein herzhaftes Lachen lässt all meine Wut verschwinden und auch ich kann mich der Freude nicht verwehren, so viel Spaß habe ich schon lange nicht mehr gehabt. Ich erinnere mich daran, wie mein Vater mich immer an die Hände genommen hat und „Engelchen flieg" gespielt hat. Immer wieder rufen wir gemeinsam im Chor „Preiset Odin!"

Ich verstehe zwar nicht wen oder was wir da genau feiern, aber mir ist es in diesem Moment auch egal. Ich genieße den Moment mit meiner Familie.

Nach kurzer Zeit kommt Iduna heraus und gibt Laurin und mir jeweils eins der fertigen Radkreuze. Ich bewundere sie heimlich für ihr handwerkliches Geschick. Iduna nickt ihm zu und sagt zu mir gewendet: „Wir müssen vor dem Julfest ein Ritual abhalten, um den Radkreuzen genug Energie zu geben. Kommt, ich kenne dafür einen tollen Platz." Ich folge ihnen gespannt, es ist ein weiter Weg von unserem Zuhause aus.

Stunden vergehen, während wir schweigend und mit Laternen bepackt den Weg hinter uns bringen, bis wir einen kleinen Tannenwald erreichen. Von weit entfernt muss es lustig aussehen, wie drei gelbe Lichtflecken durch die Dunkelheit wandern. In der Mitte des Waldes offenbart sich eine kleine Lichtung, in welcher ein großer Altar, aus Stein geformt, steht. Dieser ganze Ort hat eine magische Wirkung auf mich. Unter meiner dicken Kleidung spüre ich, wie sich die Haare auf meinen Armen vor Aufregung aufstellen.

Langsam entfachen, wie durch Zauberhand, gut fünfzig Kerzen im Kreis um uns herum stehend ihr Feuer. Auch auf dem Altar stehen vier Kerzen, jedoch brennen nur drei davon und nur eine der vielen Kerzen trägt meinen Namen. Angst überkommt mich, nimmt mir die Luft zum Atmen. Die ganze Szenerie erinnert mich an die Horrorfilme über Sekten, die ich heimlich mit meinen Freunden im Kino gesehen hatte. Iduna, Laurin und ich. näheren uns dem Altar. Iduna und Laurin stellen sich mir gegenüber und wir alle legen unsere Kreuze nieder.

Meine Pflegemutter fragt mich mit stolzer Stimme: „Bist du bereit Teil dieser Familie zu werden? Bist du bereit deinen festen Platz einzunehmen und deine Rolle mit Würde zu erfüllen?" Offenbar möchte man mir auf dramatische Art und Weise den Vorschlag einer Adoption unterbreiten. Ich hebe den Kopf und sage so selbstbewusst wie ich in diesem Moment nur sein kann: „Ja, das bin ich." Die Flammen der Kerzen lodern einige Sekunden höher und beruhigen sich kurz darauf wieder.

Später würde man mir den Trick mit den Kerzen bestimmt erklären.

„Dann entkleide dich mein Kind."

Mir stockt der Atem. Mein angsterfüllter Blick wandert zu Laurin und von dort unbeantwortet wieder zurück zu Iduna.

„Ich soll.. was?"

„Zieh' dich sofort aus", antwortet Laurin gereizt.

Unsicher ziehe ich meine Jacke aus und lasse sie auf den verschneiten Boden fallen. Laurin eilt zu mir herüber und reißt mir mit Gewalt die restliche Kleidung vom Leib. Ich sehe, für mich in Zeitlupe, einzelne Stofffetzen zu Boden sinken. Schmerz und Scham erfüllen mich, doch die eisige Kälte um mich herum betäubt sofort meine Gefühle. Was passiert hier? Was geschieht mit mir?

Fragen kreisen in meinem Kopf so wild wie ein Wirbelsturm. Ich kämpfe mit meinen Tränen, während ich nackt in der Kälte stehe.

Mein Körper ist mit einer Gänsehaut überzogen, die Haut schmerzt unter der groben Behandlung und meine Nippel stehen steif in Richtung meiner Peiniger. Iduna beobachtet das Vorgehen mit einem erhobenen Lächeln, Lust spiegelt sich in ihren feuchten Augen wieder.

„Und nun mein Kind, lege dich auf den Altar."

Da ich mich vor Angst nicht bewegen kann, packt Laurin mich und versucht mich auf den Altar zu heben.

Ich zappele, schreie und wehre mich so gut ich kann. Adrenalin hat meinen versteinerten Muskeln zum Kampf verholfen. „Ach hab' dich doch nicht so! Von meinem Sohn hast du dich auch auf dem Tisch vögeln lassen, was ist denn da schon eine kleine Nummer auf dem Altar?

Denkst du, ich kriege nichts mit?" Idunas Stimme bekommt einen bedrohlichen Unterton. „Du achtest meinen Glauben nicht! Du achtest meine Familie nicht! Du achtest mein Zuhause nicht! Du bringst Unglück über uns herein! Dafür, mein Kind, wirst du sterben!"

Sofort fühle ich mich in meine Kindheit zurück versetzt.

Mit Gewalt drückt mich Laurin auf den Altar, unter seinen starken Armen kann ich mich nicht befreien. Iduna nähert sich mir, zieht langsam ein Messer aus ihrer Tasche, das Silber glänzt verwegen in dem schummrigen Kerzenlicht. Vorsichtig lässt sie die Klinge über meine Haut gleiten. „Du hast doch nichts dagegen, oder?" Sie wartet auf keine Antwort und erhöht den Druck der Klinge. Ich spüre wie meine Haut nachgibt und langsam das Blut einen Ausweg sucht. Iduna lässt ihren Kopf sinken und leckt genüsslich über meine frische Wunde. „Verängstigt schmeckt ihr immer noch am besten."

Was zur Hölle meint sie damit?

Meine Gedanken rasen und doch ist der Schmerz gleichzeitig betäubend. Erneut schneidet die Klinge in meine Haut. Ich möchte schreien, doch meine Kehle ist verstummt.

Idunas heiße Lippen liebkosen meinen Körper, konzentrieren sich zunächst auf meine Wunden, später wenden sie sich meinen Brüsten zu. Sanft küsst sie meine Nippel, streichelt zärtlich meinen pralle Oberweite. Eine wilde Mischung aus Panik, Schmerz und Erregung bringen mein Gehirn zum Stillstand. Ich fühle nichts mehr, kann mich nicht bewegen. Ich lasse es einfach geschehen und suche Laurins Blick. Dieser schaut seiner Mutter gebannt zu, auch in seinen Augen kann ich Lust erkennen. Unweigerlich werde ich feucht zwischen meinen Beinen. Wie kann mein Körper nur so reagieren? Iduna scheint meine Beklommenheit zu bemerken und kann sich ein heiseres Lachen nicht verkneifen. Ihre Lippen wandern von meinen Brüsten entlang über meinen Bauch, halten kurz an meinem Bauchnabel und bahnen sich schließlich ihren Weg zu meiner Weiblichkeit. Ich möchte meine Beine zusammenpressen, doch Iduna ist schneller als ich. „Na, na, na, kleiner Mond. Sollst du deiner Mutter widersprechen?"

Mit unnötig viel Gewalt drückt sie meine unterkühlten schlaffen Beine auseinander und verschwindet mit ihrem Gesicht aus meinem Blickfeld. Plötzlich spüre ich etwas Feuchtes zwischen meinen Beinen, ich vermute ihre Zunge, welche erst meine Öffnung erkundet, um sich dann auf meinen Kitzler zu konzentrieren. Zu Anfang noch sehr zärtlich umkreist sie spielerisch meine Perle, bis sie den Druck erhöht und mir unweigerlich ein Stöhnen entfleucht. Ich ekel mich vor mir selbst. Auch wenn diese Frau nicht meine Mutter ist, soll sie doch meine Mutter sein. Anstatt eine neue Familie zu haben, wurde ich an Perverse übergeben.

Plötzlich höre ich dumpf ein Räuspern.

„Ich würde auch gerne."

Das kann nicht sein Ernst sein.

„Du kannst nach mir. Hol' dir doch einen runter, während ich es diesem Menschen hier besorge."

Meine Sicht verdunkelt sich, alle Kerzen sind erloschen.

Die Panik kämpft sich zurück an die Oberfläche, doch zu spät. Ein starker Schmerz zieht direkt zwischen meinen Beinen bis hin zu meinem Herzen. Immer wieder gleitet etwas in mich hinein. Ich fühle das Blut an meinen Beinen hinablaufen. Ein lauter Schrei kämpft sich durch meine Kehle in die Freiheit. „Schrei so viel du willst, hier hört dich eh niemand!", trötet eine mir unbekannte Männerstimme. Ich kann mich nicht wehren, Tränen quälen sich aus meinen Augenwinkeln. Endlich hört die Person auf. „Wir sollten uns auf dieses Alter festlegen, kleinere Kinder kann man nur töten, aber bei denen hat man vorher wenigstens noch Spaß."

Eine Kerze nach der anderen findet zu ihrem Licht zurück. Vor mir steht Iduna, kein Mann. Panisch lasse ich meinen Blick kreisen, möchte wissen mit wie Vielen ich es zu tun habe, aber ich finde nur Laurin.
Die Lust in seinen Augen ist blankem Zorn gewichen, doch der Zorn ist nicht mir gewidmet.
„Wie konntest du nur?"

Er geht einen Schritt auf Iduna zu.
„Konntest du sie nicht einfach töten? Musstest du ihr noch weh tun?" Iduna atmet tief ein, plustert sich einem Gockel gleich vor ihrem Sohn auf. „Du wagst es so mit mir zu reden?" Ohne Vorwarnung dreht sie sich in sekundenschnelle zu mir um, das Messer drohend in der Hand. Wieder und wieder sticht sie auf mich ein. Ein lauter schmerzerfüllter Schrei entflieht unkontrolliert meine Kehle.

Laurin wirft sich mit voller Wucht gegen Iduna, die sich erschrocken auf dem leicht verschneiten Boden wiederfindet. Das Messer hält sie weiterhin verkrampft in ihrer Hand. Rotes Blut klebt an der Klinge als Zeuge der Tat, welches sie behutsam ableckt.

Die Schnitte fühlen sich nicht tief an und doch kann ich mich nur schmerzhaft bewegen. Meine Sicht ist verschwommen, nur Laurins dunkle Stimme dringt durch den Sturm meiner Gefühle zu mir durch. „Es reicht! Ihr Menschenopfer wird uns nicht helfen. Ich mach da nicht mehr mit, nicht bei ihr."

Nicht bei ihr.

Was hatte das zu bedeuten?

Bin ich für Laurin doch mehr als eine Schwester?

Sonst widersetzt er sich Idunas Befehlen nie.

Laurin begutachtet die Wunden.

„Keine tiefen Schnittwunden, kein starker Blutverlust."

Er legt meine dicke Jacke um mich und hebt mich vorsichtig über seine Schulter. Ich verstehe nicht, was sich Iduna und Laurin mittels Blicken mitteilen, bevor wir gemeinsam, langsam und vorsichtig, den Heimweg antreten. Die Kälte und die Schmerzen zehren an meinen Kräften. Ohnmacht überkommt mich und ich empfange sie sehnsüchtig.

Hel

Entferntes Wolfsgeheul.

Vor Schreck reiße ich meine Augen auf und erkenne auf den ersten Blick nichts außer tiefhängende, mit Schnee bedeckte Tannenäste. Verwirrt setze ich mich auf und bemerke, dass ich auf einem verschneiten Waldboden sitze. Hat meine neue Familie mich zum Sterben im Wald zurück gelassen? Was hatte überhaupt dieses verrückte Ritual zu bedeuten? Und wer war dieser mysteriöse Kerl? Ich blicke an mir herunter. Ich trage ein mir unbekanntes schickes weißes Seidennachthemd. Trotz der dünnen Bekleidung spüre ich die Kälte nicht. Es sind keine Schnitte an meinem Körper zu erkennen und auch der Schmerz in mir scheint verschwunden zu sein. Meine Verwirrung findet ihren Höhepunkt in meiner Position.

Wo zur Hölle bin ich hier? Wie komme ich hier raus und wo soll ich überhaupt hin? Sollte ich nach Hilfe rufen oder lockt das erst recht die Wölfe an?

Beim Aufstehen fällt mir etwas vom Schoß. Etwas, was ich vorher nicht bemerkt habe. Ich bücke mich, um den mir noch unbekannten Gegenstand aufzuheben, und finde die Postkarte, die Iduna mir vor dem Abflug geschickt hatte. Wut und Trauer überkommen mich, preschen auf mich ein wie die Wellen in die Bucht. Kurz bevor ich die Karte in der Luft zerreißen kann, fällt mir etwas auf. Die Sterne auf der Postkarte leuchten und bilden so einen Pfeil. Sollte das Zufall sein? Damit ich nicht noch Wurzeln schlage, entscheide ich mich der Karte zu folgen. Je weiter ich laufe, desto öfter ändert der Pfeil die Richtung, bis ich zu einer Lichtung gelange. Das Leuchten verschwindet und die Karte passt sich dem echten Sternenhimmel an. Was hat das alles zu bedeuten? Ist das hier das Ziel? Ich lausche, vielleicht kann ich so entfernt Geräusche in der dunklen Winternacht erkennen und zuordnen.

Plötzlich Schritte.

Viele.

Sie kommen immer näher.

Lautes Wolfsgeheul.

Meine Nackenhaare stellen sich unweigerlich auf. Ich drehe mich langsam um und sehe eine vom Licht des Vollmondes angestrahlte Frau, welche umgeben ist von einem Rudel riesiger Wölfe. Die Frau ist gut zwei Meter groß, zur linken Hälfte ist ihre Hautfarbe häutig und zur rechten Hälfte blauschwarz. Die blauschwarze Seite ist alt und zeigt Ansätze von Verwesung, während die häutige Hälfte jung und wunderschön ist. Ehrfurcht liegt in meinem Blick. Bekleidet ist sie mit einem langen schneeweißen Gewand. „Wer sind Sie?", frage ich vorsichtig, aus Angst jederzeit eine Mahlzeit zu werden. Noch nie bin ich Wölfen so nahe gewesen und auch wenn es meine Lieblingstiere sind, ist es etwas ganz anderes ihnen Auge in Auge gegenüber zu stehen.

„Man nennt mich Hel, Lokis Tochter. Ich bin die Totengöttin des Helheims. In meinem Reich sind alle Seelen, die ihren Tod auf dem Sterbelager finden. Mein Helheim kann ein düsterer Ort sein, außer du bist ein guter Mensch, so erfährst du einen wärmenden Ort. Verbrecher und Lügner erfahren ewiglich Kälte, Schmerz und Hunger oder werden vom Drachen Nidhöggr lebendig aufgefressen. Du, mein Kind, bist kein schlechter Mensch, du bist ein guter Mensch, dem nur Böses widerfahren ist. Ich blicke auf deine Seele und sehe Misshandlungen, Trauer, Verlust, Wut und Schmerz."
Ich weiß nicht wie ich reagieren soll. Womöglich ist das alles nur ein Traum oder ich stehe einer wahrhaftigen Göttin gegenüber. „Können Sie mir sagen wie ich hier her gekommen bin?" Die Frau kommt auf mich zu und kniet sich in den Schnee um mir in die Augen sehen zu können. Ein seltsames Gefühl der Vertrautheit überkommt mich, als wäre ich Zuhause.
„Die Sterne haben dir den Weg zu mir gewiesen, denn du bist mir geweiht.

In deinem Leben herrscht viel Chaos, aber du hattest immer die Kraft weiter zu machen. Wir sind uns sehr ähnlich und deswegen verschone ich dich. Es ist Julfest und aus diesem Grund beantworte ich dir drei Fragen." Mir brummt der Schädel. Die Göttin verschont mich, das bedeutet, ich war gerade am Sterben, oder nicht? Ich überlege kurz und stelle mutig die erste Frage. „Weißt du wo der Mann ist, der mich am Flugplatz abgeholt hat? Sein Name ist Ragnarok und er ist seit einigen Tagen verschwunden." - „Er ist nicht verschwunden. Er ist tot. Der junge Mann, den du als Laurin kennst, hat ihn mit einem Messer erstochen und meinem Bruder, dem Fenriswolf, und seinen Zwillingssöhnen Skalli und Hati zum Fraß vorgeworfen." Hels Blick wandert zu den drei Wölfen rechts von sich und wieder zurück zu mir.

„Er.. er hat was? Aber wieso?

Er ist doch sein Vater, unser Vater!"

„Nein, mein Kind, du unterliegst einer Täuschung. Iduna und Laurin sind nicht das, was du glaubst, was sie sind. Du bist dort nicht sicher, das warst du nie.

Hast du dich nicht gewundert, warum sie oder ich deine Sprache beherrschen? Hast du dich nie gefragt, warum du so abgeschottet gelebt hast? Spätestens jetzt sollte dir doch klar sein, dass diese Personen nicht deine Familie sind. Du musst fliehen. Lauf in die Stadt und verstecke dich. Kehre in deine Heimat zurück und komm' nie wieder hier her!" Hel erhebt sich und schaut mich energisch an. „Aber ich weiß nicht einmal wo ich bin oder wo die Stadt ist!" Mir wird ganz schlecht. „Die Sterne weisen dir den Weg." Plötzlich verschwimmt alles in grauem Nebel. Ich kann nichts mehr erkennen, alles dreht sich und die Ohnmacht überkommt mich erneut.

Die Flucht

Langsam öffne ich meine Augen. Um mich herum meine Sachen, meine Möbel und die kleine Hütte, welche ich am Anfang für mein Zuhause gehalten habe. Starke Schmerzen bohren sich durch meinen müden Körper. Vorsichtig suche ich ihn nach den frischen Wunden ab. Ich kann zwei Schnitte an meiner linken Seite und zwei Schnitte an meinen Beinen erkennen. Benommen schaue ich mich um, ich kann Laurin nicht sehen. Langsam quäle ich mich aus dem Bett, ziehe mich an und schleiche zur Tür. Das Haus ist verlassen. So schnell es mir möglich ist, laufe ich von Fenster zu Fenster und suche mit meinen Blicken draußen alles ab. Niemand ist zu sehen. Das ist meine Gelegenheit von Freiheit.

Ich packe einige Nahrungsmittel, meine Decke, mein Stofftier, das Foto meines Vaters und die Postkarte von Iduna in einen großen Rucksack, ziehe mir meine dicke Jacke, Mütze und Handschuhe an und stürme samt Rucksack in die Kälte. Der Hundeschlitten ist mit den Hunden, mit welchen ich gerne gekuschelt und gespielt hatte, ebenfalls verschwunden. Meine Reise würde somit zu Fuß funktionieren müssen.

Ohne mir großartig Gedanken zu machen, wohin ich eigentlich gehen soll, mache ich mich auf den Weg. Einfach nur weg. Ich möchte nicht mehr hier sein, wenn Iduna und Laurin – oder wer auch immer sie sein mögen – zurück nach Hause kommen. Ich stapfe selbstbewusst durch den hohen Schnee, der Wind tobt und bläst mir immer wieder Schneeflocken ins Gesicht. Nach einigen Stunden Berg - und Talwanderung brauche ich dringend eine Pause und für diese ein sicheres Versteck. Ich will weder von meiner Familie noch von Wölfen gefunden oder vom Wetter überrascht werden.

Ich beschließe Schutz in einem abgelegenen Wald zu suchen. Nach einiger Zeit finde ich eine geschützte Stelle, die nur wenig verschneit ist. Ich ziehe meine durchnässten und kalten Sachen aus, kontrolliere meine Verletzungen, wickel mich in meine Decke und esse etwas trockenes Brot. Die erste Mahlzeit für heute. Während ich auf meinem Stückchen Brot herumkaue, kreisen meine Gedanken.

„Was, wenn Hel nicht existiert?

Was, wenn es nur ein Traum war und ich hier draußen sterben werde? Aber warum wollte mich Iduna töten? Und wo ist Ragnarok, wenn er doch nicht ermordet wurde? Und vergessen wir nicht die Vergewaltigung und Laurins komisches Verhalten."

Um nicht noch wahnsinnig zu werden, versuche ich etwas zu dösen und zu Kräften zu kommen.

Diese würde ich heute Nacht brauchen.

Plötzlich Wolfsknurren.

Ich schrecke hoch und sehe einen schwarzen Wolf direkt vor mir stehen. Ich zwinge mich Ruhe zu bewahren, um das Tier nicht zu erschrecken. Nach einigen Sekunden dämmert es mir, wer da vor mir steht und so frage ich den Wolf vorsichtig: „Bist du nicht der Fenriswolf, Hels Bruder?" Zu meiner Überraschung nickt der Wolf. Jetzt bin ich wirklich wahnsinnig, denn wer sonst führt eine Konversation mit einem Wolf, der obendrein der Bruder einer Göttin ist. Eine Göttin, der ich geweiht sein soll. Es fällt mir wie Schuppen von den Augen.

„Du bist hier um mir in die Stadt zu helfen, oder?"

Der Wolf nähert sich mir und legt sich ganz nah an mich auf den Boden. Wärme strahlt von seinem riesigen Körper aus, welche mir endgültig hilft aufzutauen. Der weiße Schnee glitzert in seinem dunklen weichen Fell. Mittlerweile ist die Nacht eingebrochen und ich kann die Sterne am wolkenlosen Himmel sehen.

„Moment mal... die Sterne weisen uns den Weg.

Fenris, das ist unsere Rettung!"

Ich wühle in meiner Tasche nach der Postkarte, räume die restlichen Sachen herein, ziehe mich an und halte dem riesigen Geschöpf die Karte vor die Schnauze.

„Schau, sie leuchten wieder.

Komm, wir müssen in diese Richtung!"

Ich springe los, doch der Wolf rührt sich nicht.

„Hey, was ist denn los?"

Das Tier winkt mit seinem Kopf zu seinem Rücken.

„Ich soll.. was? Auf dir reiten?"

Ich kann mir ein Lachen nicht verkneifen, auch wenn die Schmerzen dadurch noch stärker werden, doch der Wolf nickt erneut. Unsicher nähere ich mich dem großen Geschöpf, setze mich auf den Rücken und klammere mich im weichen und dicken Fell mit aller Kraft fest. Der Fenriswolf steht langsam auf und läuft in die Richtung, die ich ihm mittels der magischen Postkarte dirigiere.

Beim Anbruch des Tages ist es nur noch ein Katzensprung bis zur Stadt. Die Sterne sind dem Tageslicht entwichen und auch die Karte ist verstummt. Ich klettere vorsichtig vom Rücken des Tieres und nehme ihn, so weit es mir möglich ist, in die Arme.

„Vielen Dank, lieber Fenriswolf.

Du hast mir mein Leben gerettet."

Der Wolf gibt mir mit seinem riesigen Kopf einen leichten Schubs Richtung Stadt, dreht sich um und verschwindet in der weiten Ferne. Ohne ihn an meiner Seite fühle ich mich verlassen und überfordert mit der Situation.

Während ich in Richtung Stadt laufe, frage ich mich wie ich ohne Geld einen Unterschlupf finden oder gar nach Hause kommen soll. Die Stadt ist nicht sonderlich groß, es gibt ein schickes Hotel für Urlauber, einige kleine Geschäfte und viele Wohnhäuser. Die Straßen sind gefüllt von Menschen in warmer Winterkleidung, welche vor dem Wetter Schutz suchend von Geschäft zu Geschäft laufen, auch einige Fahrzeuge sind zu sehen. Ich durchquere einige Straßen und Geschäfte, wärme mich und nehme die Energie der Stadt in mir auf.
Als ich mich dem Marktplatz nähere, erübrigen sich mir meine Fragen, denn ich treffe ausgerechnet auf Iduna und Laurin.

Tödlicher Verrat

"Ach, schau an! Unser verlorener Schatz ist zu uns zurückgekehrt. Wir dachten, du würdest die Nacht nicht überleben, aber man wird dich einfach nicht los", tönt Iduna belustigt vor sich hin.

"Ich glaub' es einfach nicht. Wie dumm muss man sein, bei seinem Fluchtversuch genau den Leuten in die Arme zu laufen, die einen gefangen gehalten haben?"

Meine verzweifelten Blicke wandern zwischen Iduna und Laurin hin und her. Laurin sieht peinlich berührt auf den Boden unter seinen Füßen. Ich weiß nicht was ich tun soll. Am liebsten würde ich weinend im Erdboden versinken. "Laurin, da dieser armselige Mensch dir so viel bedeutet, hast du die Ehre. Töte sie!"

Wie ein Roboter, der einen Befehl auszuführen hat, zieht Laurin emotionslos ein Klappmesser aus seiner Jackentasche und lässt die fünfzehn Zentimeter lange Klinge hervor springen. Ohne lange zu überlegen renne ich die Straße entlang Richtung Meer, dicht gefolgt von Laurin. Verzweifelt versuche ich ihn abzuschütteln, biege mal rechts und mal links ab, renne einmal im Kreis um einen Häuserblock, aber vergebens. Die Menschen scheinen uns nicht zu beachten und ich erspare mir die Mühe Hilfe zu suchen, Laurin ist mir zu nah und ich beherrsche die norwegische Sprache noch immer nicht. Schmerz pocht in meinen Muskeln, meine Lungen füllen sich nicht genug mit Luft. Der Mann, dem eigentlich mein Herz gehört hatte, jagt mich wie ein wild gewordener Puma. Ich renne so schnell ich kann in Richtung der Klippen, laufe um mein trostloses Leben, spüre nun keinen Schmerz mehr, keinen Hunger. Ich möchte einfach nur überleben.

Plötzlich verliere ich die Kontrolle durch den rutschigen Schneematsch, stolpere über meine eigenen Füße, verliere meinen Halt und stürze schreiend die Klippe hinunter. Laurin kommt rechtzeitig zum Stehen und sieht seinem Opfer beim Absturz zu. Mit einem dumpfen Aufschlag bleibe ich auf einem Felsvorsprung liegen. Mein Körper ist taub. Langsam quält sich dickflüssiges Blut aus meinen Wunden. Laurin muss mich für tot halten und lässt mich alleine zurück, überlässt es der Natur mich zu entsorgen.

Willkommen Zuhause

Piep.

Piep.

Piep.

Piep.

Während ich langsam meine Augen öffne, werde ich von ekligem grellen Licht geblendet. Mein ganzer Körper schmerzt und ich habe das Gefühl, mein Kopf platzt gleich. Was ist denn bloß passiert? Und wo zur Hölle bin ich hier? Vorsichtig lasse ich meinen Blick durch einen mir unbekannten Raum gleiten. Beißender Geruch von Desinfektionsmittel steigt mir in die Nase, entfernt nehme ich ein Stimmengewirr wahr.

Ich erinnere mich daran wie ich als kleines Mädchen meine Oma in einem Krankenhaus besucht habe, es hatte damals genauso gerochen. Ob ich wohl auch in einem Krankenhaus bin? Vorsichtig lasse ich meinen Blick durch den schlicht eingeräumten Raum wandern, es wirkt wie eine typische Auffangstation eines Krankenhauses. Ich möchte mich aufsetzen, erst jetzt merke ich, dass meine linke Hand mit Handschellen an das Bett gefesselt wurde. Was habe ich nur getan? Ich versuche mich an kürzlich Geschehenes zu erinnern. Da ist Laurin, schmerzlich sticht mein Herz bei dem Gedanken an ihn. Die Trauer um ihn weicht jedoch blanken Hass, als ich mich daran erinnere, wie er mich durch die Stadt gejagt hat, und mich auf den Klippen zum Sterben zurückgelassen hat. Wie konnte er das nur tun? Ein Pochen im vorderen Bereich meines Kopfes zeigt mir, dass ich die Ruhe bewahren muss. Vorsichtig taste ich die schmerzende Stelle ab und finde einen dicken Verband. Irgendwer muss mich also gefunden und hier her gebracht haben.

Ich muss wohl noch in Norwegen sein, ob man mir helfen wird nach Deutschland zu fliehen?
„Ah, Frau Doucer, Sie sind wach. Wie geht es Ihnen?"
Ein in weiß gekleideter Doktor betritt den Aufwachraum. „Sie...Sie können deutsch sprechen?" - „Natürlich kann ich das, so wie jeder andere Bürger dieses Landes."
Verwundert nähert sich der Arzt meinem Bett und macht einige körperliche Funktionstests. „Sagen Sie mir bitte welchen Tag wir haben und wo Sie sind." Ich schaue verlegen auf meine gestreifte Decke und murmele kleinlaut: „Das weiß ich nicht." Er setzt sich auf meinen Bettrand und lächelt mich an. „Es ist normal nach einem Sturz aus dem zweiten Stock Erinnerungsprobleme zu haben. Sie befinden sich in der Tannenklinik in der Nähe Ihres Kinderheimes. Die Leitung wird Sie ebenfalls bald aufsuchen, ebenso die Polizei."

Bitte was? Ich bin in Deutschland?

Und was hat er gerade gesagt?

Der Schock muss mir ins Gesicht geschrieben stehen, denn er versucht mich erneut zu beruhigen.

„Meine Liebe, Sie waren über eine Woche verschwunden und sind im Rausch von einem Balkon gefallen, können Sie sich an etwas davon erinnern?"
Langsam setze ich mich auf. „Das macht überhaupt keinen Sinn, ich.." - es klopft an der Tür.
Zwei Männer gekleidet in Polizeiuniformen betreten den Raum und laufen direkt auf mich zu. Angst breitet sich instinktiv in meinem gesamten Körper aus. Der Doktor stellt sich als Dr. Hansen vor und möchte wissen was die Herren möchten.
„Das ist Damer, ich bin Bauer. Wir sind hier um Frau Luna Doucer zu vernehmen. Sie ist dringend tatverdächtig unter Einfluss von verschiedenen Drogen und Alkohol mehrere Straftaten begangen zu haben." -
„Die Patientin ist gerade erst aufgewacht, bitte überanstrengen Sie sie nicht."
In dem Moment als die Polizisten sich meinem Bett nähern, höre ich eine mir vertraute Stimme poltern.
„Moment mal! Die Kleine wird erst verhört wenn ich dabei bin, ich bin ihr gesetzlicher Vormund."

Frau Meier betritt den Raum mit schnellen Schritten und nimmt mich in ihre breiten faltigen Arme. So eine liebevolle Behandlung bin ich ihrerseits gar nicht gewohnt. „Ach, Kind, was machst du nur für Sachen? Wir haben uns alle schreckliche Sorgen gemacht, seitdem du bei dem Heimausflug in die Stadt verschwunden bist." Unsanft schubse ich sie von mir weg und befreie mich so von der ungewollten Nähe. Das Adrenalin steigt schlagartig in meinen Adern an, mein Herz rast, bis ich meine Wut nicht mehr unter Kontrolle halten kann. „Wovon redet ihr denn alle verdammt?" - „Frau Doucer, bitte beruhigen Sie sich und schildern Sie uns woran Sie sich erinnern können", reagiert der Polizist, welcher als Herr Damer vorgestellt wurde, deeskalierend. Ich bin nicht mehr Herr meiner Gefühle, sie sind Herr über mich. Ich drohe in dem Zog zu ertrinken und vergrabe mein Gesicht in meinen feuchten Handflächen. Niemand soll die anrollende Tränenflut zu sehen kriegen.

Ich bemühe mich um einen kräftigen und bestimmten Ton in meiner Stimme, während ich sachgemäß alles wiedergebe, was mir in den letzten Tagen passiert ist. „Frau Meier hat mich am Flughafen abgesetzt, ich bin zu meiner Pflegefamilie nach Andøya gereist. Am Anfang war alles gut, aber dann ist der Vater gefühlt ewig verschwunden und alle haben mich komisch behandelt. Nachdem sie mich für ein Ritual opfern wollten, bin ich der Totengöttin Hel begegnet. Sie hat mich vor der Familie gewarnt, und ihr Bruder, ein Wolf, hat mich in die Stadt bekleidet. Dort hat mich mein Pflegebruder gejagt und ich bin eine Klippe herunter gefallen. Mehr weiß ich nicht. Ich weiß auch nicht wie ich hier her komme oder wovon ihr alle redet."
Die beiden Polizisten sehen erst sich an, dann werfen sie Frau Meier einen alles sagenden Blick zu.
Sie nickt beschämt.

„Frau Doucer, das ist nur in Ihrer Fantasie passiert. Man hat Ihnen etwas schlimmes angetan. Wir hören nicht das erste mal eine solche Geschichte und es erklärt auch Ihre Blutwerte, welche wir kurz vor unserem Erscheinen hier zu Gesicht bekommen haben. Ihre Schilderungen klingen nach einer neuen Droge, unter Liebhabern bekannt als 'das Wunder von Andøya'. Konsumenten bekommen von ihrem Dealer eine Geschichte erzählt, und alles, was sie nach der Einnahme erleben, passt das Gehirn durch die verschiedenen Chemikalien der Geschichte an. Manche denken sie können fliegen, andere denken sie wären Geister oder Zombies. Sie sind jetzt die dritte Patientin, die uns eine solche Geschichte erzählt, Sie alle denken aus verschiedenen Gründen in Andøya zu sein, und Sie alle erleben verschiedene Dinge."

Stille erfüllt den Raum. Ein ohrenbetäubendes Rauschen macht sich in meinem Kopf breit.

„..ich kann mich aber nicht daran erinnern Drogen genommen zu haben. Es hat sich alles so real angefühlt."

Dr. Hansen meldet sich zu Wort.

„Das ist völlig normal, da Sie eine neue Erinnerung eingepflanzt bekommen haben." Ich wische mir meine Tränen von meinen Wangen. Wilde Gedanken vermischen sich mit meinen Erinnerungen zu einem verrückten Bild. „Und was habe ich in Wirklichkeit getan?" Der andere Polizist, Herr Bauer, öffnet sein Notizbuch, räuspert sich und beginnt aufzuzählen. „Sie werden beschuldigt im Stadtpark mit einer uns noch fremden Person Geschlechtsverkehr in der Öffentlichkeit gehabt zu haben. Außerdem haben Sie im Parkhaus ein Fahrzeug angezündet und haben auf dem Dach des Kraftwagens getanzt und „Preiset Odin" gerufen, bis die Feuerwehr eingetroffen ist. Auf ihrer Flucht sind Sie in den örtlichen Wildpark eingebrochen, sind ins Wolfsgehege geklettert und haben mit Wölfen geredet. Als ein Kollege von uns Sie verfolgt hat, haben Sie Zuflucht in einem bekannten Drogen-Wohnhaus gesucht und bei Ihrem Versuch vom Balkon des Gebäudes auf das Dach des Nachbargebäudes zu springen, sind Sie abgestürzt."

Er sieht kurz auf, lässt seinen Blick über alle Anwesenden kreisen und widmet sich erneut seinen Notizen. „Das sind alle uns bekannten Straftaten, für welche es auch Augenzeugen gibt. Was Sie in der Zwischenzeit gemacht haben, können wir Ihnen leider nicht beantworten." Scham treibt mir die pure Röte ins Gesicht. „Das ist mir so peinlich." - „Frau Doucer, das muss Ihnen nicht peinlich sein. Sie können nichts dafür. Ruhen Sie sich aus. Wir werden Sie, soweit es Ihr gesundheitlicher Zustand zulässt, morgen zu einer offiziellen Vernehmung mit auf das Präsidium nehmen." Die beiden Polizisten verabschieden sich und auch Frau Meier verlässt bedrückt den Aufwachraum.

„Ich sehe später nochmal nach Ihnen, meine Liebe. Ruhen Sie sich aus, das war alles jetzt ganz schön aufregend." Sobald alle den Raum verlassen haben, überfällt mich eine unbesiegbare Müdigkeit. Ich lasse meinen Feind gewähren, schließe die Augen und falle in einen tiefen Schlaf.

Alles nur ein Traum?

~☆~

In einer mir unerklärlichen Geschwindigkeit beobachte ich von oben herab eine Szenerie.

Ein junges Mädchen mit braunen schulterlangen Haaren steht verlassen an einem kleinen Flugplatz. Plötzlich laute Rufe und Gebell. Ein Hundeschlitten kommt auf den Flugplatz gefahren. Ein großer muskulöser Mann mit Bart und Holzfällerhemd steigt vom Schlitten ab, begrüßt das kleine Mädchen und beide fahren mit dem Schlitten zu einer einsamen verfallenen Hütte. Sobald sie angekommen sind, werden sie von einer Frau und einem Jungen herzlich in Empfang genommen. Die Frau stellt sich als Iduna vor und der Junge heißt Laurin.

Noch am gleichen Abend sticht Laurin den Mann mit einem kleinen blutverschmierten Taschenmesser ab und zerrt ihn in den Wald um die Wölfe zu füttern. Ein großes Rudel schnappt sich die Leiche des Mannes und freut sich über die Opferung.

Auch der Fenriswolf beteiligt sich an der Speise. Iduna und Laurin benötigen den Mann nicht länger lebendig, er weiß zu viel und hat seine Pflicht erfüllt.

Tage vergehen in Minuten.

Das kleine Mädchen geht zusammen mit Laurin und Iduna das Julfest im Wald feiern.

Ein Altar aus Stein steht mitten im Wald, drum herum sind viele brennende Kerzen zu sehen.

Als das Kind kurz nicht aufpasst, zückt Iduna ein langes Messer und ersticht das Kind von hinten.

Ein schmerzhafter Todesschrei ist auf der gesamten Insel wahrnehmbar. Nachdem sie ihren letzten Atemzug gemacht hat, verwandeln sich Iduna und Laurin in zwei erwachsene Männer.

Wer vorher Laurin war, ist nun ein großer muskulöser Mann mit roten langen Haaren und einem langen roten Vollbart. Der andere Mann, welcher vorher Iduna war, ist groß, schmal und hat lange schwarze Haare.
„Deine Illusionen funktionieren immer besser, Bruder", bewundert der muskulöse Mann. „Ich bin nicht umsonst ein Trickster, nicht jeder wurde geboren um einen Hammer mit einem so dämlichen Namen herumzuwirbeln", kontert der Schwarzhaarige.
„Bei Odin, pass' auf was du sagst, Loki, oder ich zieh' dir mit Mjölnir eins über den Schädel!" - „Beruhige dich, Thor, du ruinierst uns den ganzen Spaß hier dran. Genießen wir unser neues Spielzeug, bevor die nächste Ladung anfliegt. Als nächstes kommt eine blonde junge Frau zu uns." Er zwinkert seinem Bruder zu.
„Mit der können wir aber etwas mehr Spaß haben als sie nur zu töten." Beide verfallen in herzhaftes Gelächter.

~☆~

Gefangen

Stechende Schmerzen in der Brust, verursacht durch mein rasendes Herz, lassen mich aus dem Schlaf erwachen. Als eine Person langsam den Raum betritt, blinzle ich noch das letzte bisschen Müdigkeit hinfort. Als mir die Person näher kommt, erkenne ich um wen es sich handelt. „Guten Morgen, wie geht es Ihnen, meine Liebe?", fragt Dr. Hansen ermutigend. „Ich hatte einen absolut merkwürdigen Traum. Kann es sein, dass Andøya wirklich existiert?" - „Nun, Andøya ist eine kleine Insel in Norwegen. Aber Sie waren, soweit mir bekannt ist, niemals dort, das müssen Sie verstehen. Aber wieso fragen Sie?" Seine Neugierde ist geweckt und er setzt sich auf meinen Bettrand.

„In meinem Traum war ich wieder in Andøya, aber dieses Mal konnte ich alles von oben beobachten, wie ein Vogel", antworte ich zögerlich. Der Arzt lehnt sich nach vorne und sagt in einem beruhigenden Ton: „Bitte schildern Sie mir genau was Sie gesehen haben." Ich atme tief durch und hoffe, auf ihn nicht endgültig irre zu wirken. „Nun gut, also ein Mann hat ein kleines Mädchen abgeholt und zu den Leuten gebracht, wo ich von Ragnarok hingebracht wurde. Der Mann wurde getötet. Iduna und Laurin, meine Pflegefamilie, haben das Kind später in einem Ritual getötet. Alles war wie bei mir! Am Ende haben sich Iduna und Laurin in zwei Männer verwandelt. Sie sind Götter und töten Kinder zum Spaß. Davor hat mich Hel bestimmt gewarnt!" Sein Blick verdunkelt sich. „Wer ist denn diese Hel?" - „Hel ist auch eine Göttin und ich bin ihr geweiht. Vielleicht...vielleicht ist ja genau das meine Aufgabe? Sie müssen mich gehen lassen, ich muss nach Andøya, ich muss die Kinder irgendwie retten!"

Sofort springt Dr. Hansen auf und drückt eine Taste an meinem Krankenbett. „Alles ist gut, Frau Doucer, ich werde Ihnen helfen. Bewahren Sie Ruhe." Es dauert nicht lange bis eine Arzthelferin den Raum betritt und ein kurzes Gespräch im Flüsterton mit Dr Hansen führt. Nach dem Gespräch verschwindet sie aus meinem Blickfeld und kommt kurz darauf mit einer kleinen Spritze zurück, welche mit einer durchsichtigen Flüssigkeit gefüllt ist. Unsicher blicke ich von der Spritze zu der mir unbekannten Frau und wieder zurück. Sie bemerkt meine Unruhe und sucht das Gespräch zu mir. „Guten Morgen, Frau Doucer, ich werde Ihnen dieses Medikament nun verabreichen, damit Sie uns schneller verlassen können." Na gut, alles für die Kinder. Ich halte still und lasse die Prozedur über mich ergehen.

Noch immer dreht sich alles, als ich langsam meine müden Augen öffne. Es dauert einige Sekunden, bis ich merke, was genau los ist. Ich liege bäuchlings auf einem harten Boden, das Gesicht zur Seite gedreht und werde gefangen gehalten in einer weißen Zwangsjacke.

Das soll ja wohl ein schlechter Scherz sein.

Ich bekomme nur schwierig Luft. So weit es mir möglich ist, lasse ich den Blick schweifen. Um mich herum sind Wände mit dickem Gummi verkleidet. Mühsam quäle ich mich in eine sitzende Position, um einen besseren Blick auf die Gesamtsituation erhalten zu können. Ich sehe keine Fenster, keine Möbel. Eine einzelne Glühbirne hängt als einzige Lichtquelle von der Decke. Kameras hängen an verschiedenen Stellen im Raum verteilt. Es gibt nur einen einzigen Ein - bzw. Ausgang: eine schwere Eisentür. Mein jahrelanges Zeitverschwenden mittels vieler Filmabende hat mich vieles gelehrt, unter anderem auch, wo ich mich jetzt befinde.

Sie haben mich ernsthaft in eine Anstalt abgeschoben.

„Hallo!", brülle ich in der Hoffnung auf eine Antwort, bekomme aber keine.

„Hört mich denn niemand?", setze ich erneut an, wieder ohne Rückmeldung.

„...so viel zu dem Thema mich schneller raus lassen, ha, betäubt haben sie mich, gefesselt haben sie mich, eingesperrt wie ein wildes Tier. Ich bin nicht verrückt.

Ich weiß was ich gesehen habe.

Ich werde es euch beweisen."

Eine metallische Stimme kracht durch einen für meine Augen nicht sichtbaren Lautsprecher.

„Frau Doucer, wir sehen und wir hören Sie bestens. Sie sind zu Ihrem eigenen Schutz hier. Je schneller Sie sich beruhigen, desto schneller können wir mit Ihrer Therapie beginnen." Ich quäle mich aus meinem Schneidersitz in den Stand und renne wutentbrannt schreiend mit dem Kopf voran gegen die Tür.

Schmerz durchfährt schlagartig meinen Körper, als mein Kopf gegen die harte Tür kracht. Alles dreht sich und die Ohnmacht empfängt mich wie einen alten Freund.

Schmerz hinter der Maske

Wochen sind vergangen bevor ich an Therapiegesprächen teilnehmen durfte. Wochen voller Scham, Wut und Trauer; Wochen ohne Privatsphäre oder Freiheit. Gefangen wie ein Rind, bereit auf die Schlachtbank zu treten, damit irgendein Alkoholiker zum sommerlichen Fußball mich als Steak auf den Grill schmeißen kann. Irgendwann kam der Zeitpunkt, an dem ich endlich teilnehmen durfte. Ich wollte jedoch meinen Kampf alleine ausfechten und mich schon gar nicht hier irgendwem anvertrauen. So liefen die Therapiegespräche recht leise und einseitig ab.

Für mich war es jedoch ein riesiger Fortschritt, als ich endlich mein eigenes Patientenzimmer bekommen habe und nicht mehr diese dämliche Jacke tragen musste. Noch nie habe ich Freiheit so sehr zu schätzen gewusst.

Regen prasselt lautstark gegen die Glasscheibe, als mich eine mir bekannte Stimme aus meinem Gedankensturm heraus holt. „Frau Doucer, möchten Sie heute mit mir sprechen?" Ich schweige. Als Reaktion auf mein Schweigen hält mir Dr. Hansen ein mir bekanntes Foto entgegen. Sofort greife ich danach, tiefe Trauer zieht in meiner Magengrube, am liebsten würde ich speien. Heißbrennende Tränen laufen beim Betrachten des Fotos meine Wangen herab. Dr. Hansen reicht mir kommentarlos ein Taschentuch und beobachtet meine Reaktionen. Nach einigen Minuten beginne ich zu erzählen, Schweigen hilft mir sowieso nicht hier raus. „Das ist mein Papa und das Baby in seinem Arm bin ich. Er ist ein so guter Mensch gewesen, er hat das alles nicht verdient, nichts davon." Ich wische mir meine Tränen aus dem Gesicht. „Meine Mutter, oder besser die Frau, die mich auf die Welt gebracht hat, hat mich misshandelt. Als mein Vater davon mitbekommen hatte, drohte er ihr mich ihr wegzunehmen.

Vor lauter Wut hat sie ihn erstochen.

Nachbarn haben den Lärm gehört und die Polizei gerufen. Als sie die Tür aufbrachen und in die Wohnung stürmten, wollte sie mich gerade umbringen."

Noch nie war Stille so deutlich zu hören. Gedankenverloren schnaube ich mir die Nase und stecke das Taschentuch in meine Hosentasche.

„Sie wurde verhaftet und ich dem Kinderheim übergeben. Ab dem Tag war das mein 'Zuhause'. Meine Familie hat, nach allem was diese Frau getan hatte, den Schneid sie in Schutz zu nehmen. Sie wäre zu jung schwanger geworden. Sie wäre vorbelastet durch ihre Vergangenheit, als ob das eine Ausrede wäre!"

Meine Wut überfällt mich so schnell, dass ich sie nicht unterdrücken kann. Ich springe aus dem bequemen Ledersessel und trete ihn mit so viel Kraft, dass er rücklings umfällt. Dr. Hansen bleibt ruhig sitzen. Ohne nachzudenken plappere ich mich in Rage. „Wissen Sie, ich habe sie letztens beobachtet, meine Mutter, stundenlang. Sie hat zwei Kinder und behandelt sie genauso schlecht wie mich.

Es ist eine Frechheit, dass sie nicht für den Rest ihres Lebens im Gefängnis versauern muss, während sie das Leben eines geliebten Menschen auf dem Gewissen hat. Verdammt nochmal, sie wollte ihr eigenes Kind töten!
Und was tut dieser beschissene Rechtsstaat?
Genau, nichts! Weil sie ja psychisch krank wäre, och die arme Frau! Soll sie doch mit ihrem fetten Arsch in der Hölle schmoren!" Meine Gefühle tragen einen Kampf in meinem Inneren aus, über welchen ich keine Kontrolle zu haben scheine. Überfordert breche ich weinend zusammen, wofür ich mich nur noch mehr schäme. Ich hasse es vor anderen zu weinen. Dr. Hansen reicht mir kommentarlos die Box voller Taschentücher und wartet bis ich mich wieder beruhigt habe.
„Frau Doucer, das war fantastisch. Sie haben großen Mut bewiesen sich so zu öffnen. Auf dieser Basis können wir anfangen zu arbeiten."

Monate voller Sitzungen vergehen. Auf meinem Plan stehen unter anderem Einzel – und Gruppentherapie, Sport, Musizieren, Theater und Kunst. Alles Formen der Therapie, um auf den Grund meiner 'momentanen Lage' zu kommen, wie sich Dr. Hansen so schön ausdrückt. Dabei weiß ich doch ganz genau was los ist verdammt!
Es dauert einige Wochen bis ich mich an den Stundenplan und die Spielchen gewöhnt habe, und ich muss gestehen, langsam macht es mir sogar ein wenig Spaß. Ich lerne hier nette und interessante Menschen kennen, wie zum Beispiel Ole-Hendrik, der glaubt Mauzi würde ihm Befehle erteilen. Oder Carola, sie glaubt sie wäre ein Känguru. Für ein Känguru boxt sie sich jedoch verdammt schlecht. Aber am liebsten male ich Bilder oder schreibe kleine Gedichte. Das hilft mir mich besser auszudrücken, denn wenn ich versuche zu reden, dann schreie ich nur und fange danach an zu weinen.
Meine Pausen hingegen verbringe ich am liebsten auf meinem Zimmer, denn hier kann ich gedanklich und körperlich zur Ruhe kommen.

Heute habe ich die Klinikbücherei durchstöbert und ein interessantes Buch entdeckt, was ich heute Abend lesen möchte. Es wurde sogar von einer ehemaligen Insassin verfasst und veröffentlicht, für mich etwas ganz Besonderes.

Ob wohl meine Gedichte auch jemals in die Außenwelt gelangen werden?

Ich setze mich auf mein halbwegs bequemes Bett und lese den Klappentext durch. Das Buch trägt den Titel 'Glück muss Hund haben' und ist eine spannende Geschichte über die Themen Straßenhunde und Hundehaltung, erzählt aus der Sicht einer ehemaligen Straßenhündin. Diese ist ebenfalls auf dem Cover des Buches zu sehen. Das lange gewellte graue Fell glänzt in der Sonne und mir strahlt ein freches Hundegrinsen entgegen. So muss ein glücklicher Hund aussehen.

Ich richte die Kissen zurecht und mache es mir bequem. Vorfreude überkommt mich. Ich habe mich schon immer für Hunde interessiert und bin gespannt, um was es alles gehen wird.

Mein verspanntes Genick zwingt mich zu einer Pause und ich schaue auf die Uhr. Mittlerweile ist gut eine Stunde vergangen. Meine Sicht ist erschwert durch die immer wieder aufsteigenden Tränen. Mit so einem emotionalen Auftakt hätte ich nicht gerechnet. Wie viele Leute haben wohl keine Ahnung, wofür ihr Geld eigentlich genutzt wird? Wie Tiere von ihrem Geld zu Tode gequält werden? Bevor ich mir noch mehr Gedanken mache, beschließe ich weiter zu lesen. Endlich bekommt die Geschichte eine positive Wendung. Es ist so schön zu hören, dass Bella ein richtiges Zuhause gefunden hat. Ich wünsche mir das auch für mich. Einen Ort, wo ich geliebt werde und Schutz finde. Trauer bahnt sich den Weg durch meinen Körper, aber ich möchte dieser nicht nachgeben. Ich möchte auf eine positive Zukunft hoffen und freue mich für Bella. In den darauf folgenden Kapiteln lerne ich viele neue Dinge zum Thema Hundehaltung, unter anderem auch „was ist giftig für Hunde?". Ich mein, wer hätte gedacht, dass ein Ölkäfer so tödlich sein kann?

Ich lasse die abgegriffenen Seiten durch meine Finger gleiten. Auf den nächsten Seiten erzählt die Autorin, oder viel mehr Bella, Vieles, worüber man sich vorher informieren sollte, bevor man sich einen Vierbeiner ins Haus holt. Ich überspringe diesen Teil flüchtig, da es noch ewig dauern wird, bis ich jemals einen eigenen Hund haben werde und bis dahin weiß ich nun, auf was ich auf jeden Fall achten sollte. Nach einiger Zeit brauche ich erneut eine kurze Pause von der Geschichte, denn Bella erzählt von ihrer Erkrankung und wie der „Tierschutzverein" damit umgehen wollte. Was für ein ekelhaftes und herzloses Verhalten… Ich bin so froh, dass Bella bei Leni gelandet ist und nicht zu einer anderen Familie gekommen ist, wer weiß, wo sie ohne Leni wäre. Dabei kann ich Bellas Gefühle sehr gut nachvollziehen.

Ich selbst wünsche mir eine wirkliche Mutter. Eine Mutter, die mich zu schätzen weiß und mich liebt, genau so wie ich bin. Aber im Gegensatz zu Bella, werde ich dieses Glück wohl nie haben. Bevor die Tränenflut mich erneut einholt, lese ich weiter, um mich abzulenken.

Zu meinem Glück endet die Geschichte positiv. Auch wenn es auf vielen Fakten aufgebaut ist, gibt es doch einiges zu verdauen für mich. Während ich in meinen Gedanken vertieft das gerade Gelesene Revue passieren lasse, klopft es an meiner Zimmertür. Ohne auf eine Antwort zu warten, betritt Dr. Hansen den Raum.

„Guten Abend, Frau Doucer. Sie haben in letzter Zeit so viele Fortschritte erzielt, da habe ich mir die Freiheit genommen, Ihnen einen Medikamentenplan zu erstellen." Er überreicht mir einen Zettel und eine Tablettendose. In dieser Dose ist Platz für alle Wochentage und die Zeiten Morgens, Mittags und Abends. Ich verstehe nur Bahnhof und setze zum Protest an. „Ich möchte aber keine Medikamente nehmen. Mir geht es doch gut?" - „Frau Doucer, ich kann Sie ja verstehen, aber wenn Sie hier schnellstmöglich raus wollen, sollten Sie meinen Ratschlag befolgen." Bevor ich mich widersetzen kann, betritt ein großer muskulöser Mann den Raum. Allein seine Präsenz jagt mir einen eiskalten Schauer über den Rücken. „Aha", fährt Dr. Hansen fort, „das ist Ihr neuer Nachtpfleger Rodrigez. Er kümmert sich darum, dass Sie Ihre Medikamente einnehmen und hilft Ihnen, sollten Probleme auftreten."

Rodrigez lächelt mich schelmisch an und verlässt gemeinsam mit Dr. Hansen den Raum. Was kümmert es mich, was Dr. Hansen für richtig hält.

Mir geht es gut und ich werde mich garantiert nicht mit Tabletten abschießen lassen. Trotzig wie ein kleines Kind, verstecke ich mich unter meiner Decke, wo mich bald das Land der Träume erwartet.

„Aufwachen!"
Ich schrecke aus meinem Schlaf und starre direkt in zwei braune Augen. Ich spüre seinen stinkenden Atem auf meiner Haut und verkneife es mir, ihm eine rein zu hauen. Verschlafen möchte ich von ihm erfahren, was der Grund für sein Verhalten ist. Ich bekomme die Antwort förmlich entgegen gespuckt. „Du hast deine Tabletten nicht genommen. Ich verlier' bestimmt nicht meinen Job nach nur einem Tag, nur weil du hier rumbockst!" Dafür weckt er mich? „Hören Sie, ich versichere Ihnen ich.." Noch bevor ich meinen Satz beenden kann, spüre ich drei seiner fünf haarigen Finger in meinem Mund verschwinden. Er schiebt sie mir so weit in den Hals, das ich würgen muss. Mit aller Kraft drücke ich ihn von mir weg, lasse dem Würgen freie Bahn und spucke kleine Tabletten auf den gemusterten Fliesenboden.Ich ringe nach Luft und brauche einen Moment, um mich zu sammeln. Nach Luft schnappend keuche ich ihm entgegen: „Sag mal, spinnst du oder was? Das werde ich Dr. Hansen melden!"

Ich versuche aufzustehen, doch Rodrigez drückt mich mit einer Hand zurück ins Bett und mit seiner anderen Hand hält er meinen Mund verschlossen. Panik breitet sich in mir aus, mein Herz droht mir aus der Brust zu springen. „Einen Dreck wirst du, du dämliches Miststück. Ich zeig dir, wer hier das sagen hat, du Psycho." Mit Schwung springt er auf mein Bett und drückt sich mit all sein Gewicht auf meinen Körper, welcher unter ihm sofort nachgibt. Ich bin komplett bewegungsunfähig, eine Gefangene seines Hasses. Ich zittere am ganzen Leib, Tränen steigen mir in die Augen, nehmen mir die Sicht auf das, was gleich folgen wird.

Mit hasserfüllten Blick reißt er mein Tshirt auf und beginnt an meinen entblößten Brüsten zu spielen. Ich versuche ihn anzubetteln, zum Stoppen zu bewegen, aber meine Worte verlassen meine Kehle nicht. Ich bin völlig starr, nur meine Blase versucht sich Gehör zu verschaffen und leert sich unkontrolliert aus. Scham überkommt mich und ich gebe innerlich auf.

Er zieht meine durchnässte Unterhose herunter und sieht mich lächelnd an. „Du brauchst dir doch nicht gleich ins Hemd machen." Während er mich im Blick behält, zieht er seine Hose ein Stück weit herunter und holt seinen erigierten Penis heraus. Genüsslich reibt er ihn ein paar mal, während er mich erhaben beobachtet. Noch bevor ich etwas machen kann, dringt er schnell in mich ein. Ein pochender Schmerz breitet sich in Sekundenschnelle von zwischen meinen Beinen bis zu meinem Gehirn aus. Als ich schreien möchte, schlägt mir Rodrigez mit seiner Faust auf meinen Brustkorb ein. Geschockt vergesse ich mein Vorhaben und lasse seine Machetaten über mich ergehen. „Halt ja deine Schnauze." Diesen Satz höre ich immer wieder, bis er mich endlich von seinen Fängen befreit. Er klettert aus dem Bett, richtet seine Kleidung und grinst mich überheblich an. „Wir sehen uns nächste Nacht, meine Süße." Lachend verlässt er mein Zimmer. Eine Flut der Gefühle überkommt mich. Weinend ziehe ich die Beine an, mein Unterleib sticht, mein Laken ist blutverschmiert.

Ich möchte mich nur noch übergeben, bis seine Worte in meinem Kopf nachhallen.

„Nächste Nacht?"

Der Ausbruch

Das war die schlimmste Nacht meines Lebens. Ich habe mich weder getraut mich zu waschen, noch auf dem Boden zu schlafen, also habe ich blutend in meinem eigenen Urin gemischt mit dem Sperma meines Vergewaltigers geschlafen, zumindest gelegentlich gedöst. Schlafen wollte ich nicht, aus Angst er kommt zurück, aber immer wieder hat mir die Kraftlosigkeit einen Strich durch die Rechnung gemacht. Noch so eine Nacht überstehe ich nicht, ich muss hier weg.

Heute noch.

Da heute Sport auf meinem Stundenplan steht, was nichts anderes bedeutet als eine Runde durch den Park zu joggen, werde ich diesen Zeitpunkt am besten nutzen. Ich quäle mich aus dem Bett, sehe mir meine Matratze an und muss sofort gegen hochkommendes Essen ankämpfen. Schmerzerfüllt ist jeder langsame Schritt zur Dusche, ich ertrage es nicht mich im Spiegel zu betrachten. Ich wasche mich so gründlich, dass meine Haut überall am Körper aufreißt und zu bluten beginnt. Und dennoch spüre ich seine schmierigen Griffel immer noch an mir. Ich suche mir meine Sportkleidung und haue mir etwas Make-Up in mein Gesicht, um nicht so tot auszusehen wie ich mich innerlich fühle.

Nur schwermütig kämpfe ich mich zu dem gemeinschaftlichen Frühstück, ich bekomme nichts runter und vermeide jeden Kontakt zu anderen. In der anschließenden Gruppentherapie bemühe ich mich einen unauffälligen Eindruck zu hinterlassen, auch wenn ich mich nicht an dem Gespräch beteiligen möchte. Es geht mir nun mal herzlich weit am Arsch vorbei, ob Ole-Hendrik lernt sich gegenüber Mauzi zu widersetzen oder eben nicht. Ich würde gerne jemanden ins Vertrauen ziehen, mir Hilfe suchen, aber wer würde mir schon glauben? Jeder weiß, dass ich die Diagnose Schizophrenie bekommen habe. Kurz bevor die Sitzung endet, meldet sich die Gesprächsleiterin zu Wort. „Meine Lieben, morgen ist Weihnachten und zu diesem Anlass kommen euch morgen eure Liebsten besuchen. Nutzt doch die Gelegenheit und bastelt ihnen etwas Schönes."

Weihnachten.

Mein Herz versetzt mir einen qualvollen Stich

in meiner Brust.

Ich vermisse meinen Vater.

Mit ihm an meiner Seite wäre mir das alles nie passiert.

Noch ein Grund mehr für mich heute abzuhauen, ich gebe mir garantiert nicht die Blöße und sitze als einzige ohne Besuch da. So schnell ich unter den Schmerzen fähig bin, hechte ich auf mein Zimmer, suche mir warme Winterkleidung zurecht und stelle mich in die Lobby, der Warteplatz für alle Joggerlustigen. Heute dauert es zum Glück nicht lange, bis wir eine stolze Gruppe von dreißig Mann geworden sind, inklusive eines Aufpassers. Freudestrahlend startet die Gruppe in Richtung Stadtpark. Um den Park zu erreichen, müssen wir nur einige Straßen überqueren. Im Park angelangt, werden wir von sorglos lachenden Kindern, anderen Sportlern, spielenden Hunden und Gerüchen von verschiedenen Essensständen empfangen. Nach einer halben Stunde ist der Aufpasser so mit seinem Job überfordert, dass ich diesen Zeitpunkt für mich nutzen kann. Als wir das angrenzende Waldstück erreicht haben, verschwinde ich unauffällig und verstecke mich hinter einigen Büschen, bis meine Gruppe außer Sichtweite geraten ist.

Ich lasse mich auf den Boden sinken und atme mehrmals tief durch, bevor ich realisiere, was ich gerade getan habe. Nur langsam traue ich mich aus meinem Versteck heraus. Das Gefühl der Freiheit fließt durch meine Adern, schenkt mir Flügel der Hoffnung.

Doch wo soll ich mich nur verstecken?

Suchend lasse ich meinen Blick über die Stadt schweifen.

Wiedersehen

„Notrufzentrale. Was kann ich für Sie tun?"

„Eine unserer Patientinnen, Frau Luna Doucer, ist bei ihrer Sporttherapie im Park abhanden gekommen. Wir gehen von einer Flucht aus. Die Patientin ist schizophren und auf Medikamente angewiesen."

„Vielen Dank, ich gebe das sofort weiter. Welche Merkmale sind Ihnen über die Patientin bekannt?"

„Sie ist blond, hat lange Haare, grüne Augen, Sommersprossen und eine normale Figur. Sie ist sportlich bekleidet und trägt ihr Klinikarmband am rechten Arm."

„Vielen Dank."

Stunden sind vergangen, seitdem ich mich auf einer Parkbank niedergelassen habe. Ich habe in der Zeit einige Hunde beobachtet und mich gefragt, ob sie eine ähnliche Geschichte wie Bella teilen oder mehr Glück im Leben haben. Immer wieder zieht sich mein Magen zusammen, sobald jemand über Weihnachten redet. Nur schmerzlich kann ich mich an die gemeinsame Zeit mit meinem Vater erinnern. Ich werde meine gewonnene Freiheit nutzen und ihn besuchen. Der Weg zum Friedhof bei der Jakobskirche ist schnell gelaufen. Vorsichtig öffne ich das große metallene Tor und suche den Friedhof nach dem Grabstein meines Vaters ab. So viele Jahre ist es her und nie durfte ich ihn besuchen. Frau Meier hatte es mir immer wieder verboten, angeblich um mich zu schützen. Besonders jetzt wünsche ich mir nichts sehnlicher, als meinen Vater an meiner Seite. Er wüsste was zu tun ist.

Kalter Wind pustet mir in mein tiefgefrorenes Gesicht, schenkt mir eine kurze Begrüßung. Es dauert einige Zeit, bis ich das Grab meines Vaters endlich gefunden habe. Vorsichtig nähere ich mich dem ungepflegten Ort.

„Hallo, Papa."

Auf eine Antwort hoffend starre ich auf das zugemüllte Fleckchen Erde, wo mein geliebter Vater liegt.

„Du fehlst mir. Schrecklich. Es tut mir leid, dass ich dich erst jetzt besuche. Ich... Es ging nicht anders."

Tränen laufen die roten Wangen herab.

Ich bücke mich, hebe den Müll auf und bringe ihn zum in der Nähe stehenden Mülleimer. Jede Bewegung ist ein Stich in meinem Unterleib, aber davon lasse ich mich nicht aufhalten. Nachdem ich den Müll entsorgt habe, reinige ich den Grabstein und entferne all das Unkraut.

„Ich hoffe, dir gefällt es so besser."

Eine Elster fliegt krächzend herbei und setzt sich auf seinen Grabstein nieder. Er hat Elstern geliebt.

Ob er wohl jetzt bei mir ist?

Langsam lasse ich mich neben dem Stein auf dem kalten Boden nieder, lehne meinen Kopf daran, als wäre es die Schulter meines Vaters, und lausche dem Gezwitscher der Vögel.
„Weißt du, Papa, ich musste einiges an Mist durchmachen. Besonders in letzter Zeit. Ich kann nicht mehr ehrlich gesagt. Wie gern würde ich deine Hand halten, dich umarmen, ein letztes Mal wenigstens."

Der Wind braust auf. Um der eisigen Kälte zu entfliehen, suche ich Schutz in der angrenzenden Kirche. Hier stehen die Türen immer offen und im Winter wird immer geheizt, sollte jemand Schutz suchen oder beten wollen. Ich schleiche mich die hölzerne Wendeltreppe empor und suche mir einen ruhigen abgelegenen Platz in der Nähe einer Heizung. „Nur kurz aufwärmen...", murmele ich vor mich hin, doch die Kälte sitzt tief in den Knochen, die Müdigkeit nagt an meinen Kräften und siegt.

„Damer, Bauer, sie ist hier!"
Lautes Gepoltere und knarzende Treppenstufen lassen mich aus meinem tiefen Schlaf erwachen. Plötzlich stehen zehn Polizisten in voller Montur bewaffnet vor mir. Zwei Männer bahnen sich den Weg durch die Menge. Ich erkenne sie wieder, es sind die beiden Polizisten, die mich im Krankenhaus besucht haben und verhören wollten. „Ah, Frau Doucer. Wir haben lange nach Ihnen gesucht." Damer zieht mich grob auf die Beine. Ich trete ihm so fest ich kann auf seinen linken Fuß. Der Polizist schreit vor Schmerz auf und lässt mich los. So schnell ich kann renne ich ins obere Stockwerk, dicht gefolgt von den Polizisten. Ich klettere durch ein kleines Fenster und finde mich auf einem kleinen Vorsprung von dem Glockenturm wieder. Bauer sucht mit mir das Gespräch, möchte mich vor dem bewahren, was nicht aufgehalten werden kann.

„Frau Doucer, es ist Weihnachten. Bitte beruhigen Sie sich und kommen Sie wieder zur Besinnung.

Es gibt für alles eine Lösung."

„NEIN!", falle ich ihm in die bestimmt sehr gut eingeübte Rede. „Es gibt keine Lösung. Niemand glaubt mir. Niemand hilft mir. Ich bin doch für alle nur ein Witz." Unkontrolliert lasse ich meinen Gefühlen freien Lauf. Dicke Tränen kullern meine Wangen herab. „Frau Doucer, wir werden Sie zurück in die Klinik bringen." Vorsichtig nähert er sich dem Fenster. „Dort wird man Ihnen helfen." - „Ich werde nie wieder dort hin zurück kehren!" In dem Moment, als ich mich vom Vorsprung fallen lassen möchte, greift Bauer zu und zerrt mich gemeinsam mit Damer zurück in das Gebäude. Die beiden Polizisten überwältigen mich und tragen mich aus dem kirchlichen Gebäude in den Polizeiwagen. Die Fahrt endet vor der Psychiatrie der Tannenklinik. Zwei große muskulöse Pfleger stehen wie Bodyguards rechts und links neben Dr. Hansen. „Meine Liebe, ich bin froh, dass es Ihnen gut geht. Ich werde Ihre Verlegung in die Geschlossene Abteilung veranlassen, damit Ihnen nichts mehr zustoßen kann."

Die Pfleger nehmen mich den Polizisten wortlos ab und tragen mich in das hell beleuchtete Gebäude, meine Bemühungen mich zu wehren, lässt die beiden kalt. Dr. Hansen bedankt sich bei den beiden Polizisten für ihre Bemühungen und verschwindet nach uns in der Klinik.

Versteckspiel

Es fällt mir schwer aus dem Bett zu kommen, alles um mich herum dreht sich unaufhörlich und am liebsten würde ich mich sofort übergeben. Langsam gleitet mein Blick durch den Raum. Ich befinde mich in einem normalen Zimmer mit Einzelbett, welches bequemer als mein Letztes ist. Das Zimmer ist in einem sanften Grünton gestrichen, die Möbel sind in einem hellen Holz gehalten. Ein großes Fenster mit Weihnachtsbildern daran, lässt viel Licht in das kleine Zimmer fallen. So hatte ich mir die Geschlossene Psychiatrie nicht vorgestellt. Um unauffällig herauszufinden in welchem Stockwerk ich mich befinde, öffne ich das Fenster. Als ich hinaussehen möchte, knalle ich mit meinem Kopf schmerzlich gegen eine unsichtbare Wand. Vorsichtig taste ich die Stelle ab.

„Das ist zu dem Schutz der Patienten, falls jemand Anweisungen durch Psychosen bekommt oder stark Suizidgefährdet ist, so wie Sie, meine Liebe." Ich brauche mich nicht umdrehen, um zu wissen wer in der Tür steht. „Ich weiß, dass Sie viele Fragen und Sorgen haben. Ihre Gedanken werden Ihnen sagen, dass Sie so schnell wie möglich fliehen müssen. Aber ich bitte Sie, vertrauen Sie mir, nicht diesen Gedanken. Unsere Psyche ist manchmal unser größter Feind." Dramatisch langsam drehe ich mich zu ihm um und schaue ihm tief in seine braunen Augen. Ungewissheit spiegelt sich in ihnen wieder. „Was muss ich tun um hier raus zukommen?" Ich kreuze meine Arme vor meinem Körper, um mich unterbewusst vor der herannahenden Antwort zu schützen. „Zuerst einmal müssen Sie Ihre Diagnose anerkennen und sich helfen lassen wollen. Medikation ist ein wichtiger Punkt. Danach können wir eine geeignete Therapie darauf aufbauen. Sobald Sie sich selbst überlassen werden können, dürfen Sie gehen." Als ich protestieren möchte, stoppt mich mein Gedanke.

Ich will hier raus, so schnell wie möglich, also werde ich genau das tun, was Dr. Hansen verlangt. Jede Zelle in mir widerstrebt sich bei dem Gedanken, aber es bleibt mir nichts anderes übrig.

„In Ordnung."

Dr. Hansen führt mich in ein Therapiezimmer. Dort angekommen zeigt er mit einer gekonnten Handbewegung auf einen Sessel.

„Setzen Sie sich."

Kommentarlos folge ich seiner Anweisung und lasse meinen Blick durch das große Zimmer schweifen. Die Wände sind in einem ockerfarbenen Ton gehalten. Neben einigen Zimmerpflanzen sehe ich viele Bücherregale, welche mit Büchern nahezu vollgestopft wurden. Manche Buchrücken sind schon so oft gebrochen, dass man ihnen ansieht, wie wichtig sie sein müssen. Dr. Hansen beobachtet mich und macht sich Notizen. „Gut, Frau Doucer, beginnen wir mit einer einfachen Frage. Wie geht es Ihnen?"

Ohne ihn eines Blickes zu würdigen antworte ich gelassen: „Es ging mir schon besser."

„Möchten Sie darüber sprechen?"

Ich schaue ihm direkt in die Augen, mit einem Blick, der für Dr. Hansen nur schwer zu deuten ist.

„Was soll ich erzählen? Zuerst werde ich quer durch Europa geschickt, wie ein dämliches Paket, dann werde ich fast umgebracht, entkomme wie durch ein Wunder und werde dafür eingewiesen, weil alles angeblich erfunden ist und nur im Drogenrausch passiert ist. Wieso sollte ich mir irgendwelche Drogen einwerfen? Hatte ich mal ein Alkoholproblem? Ja, vielleicht. Aber dann laufe ich doch nicht quer durch die Stadt, lasse mir von irgendwem Scheiße andrehen und laufe dann Amok. ABER um dem Ganzen die Krone aufzusetzen, bekomme ich irgendeine Diagnose und nach wochenlangen unnötigen Gesprächen, wo ich sowieso meist nichts gesagt habe, soll ich auf einmal Medikamente nehmen und keiner erklärt mir wieso.

Und dann stellt man noch so einen Schwachmaten - Pfleger ein, der Patienten durch Gewalt die Medikamente einflößen will und Leute vergewaltigt! Und wenn man dann flieht, weil einem eh keiner glauben wird, schließlich ist man ja nur ein psychisch Kranker, dann wird man in die Geschlossene gesteckt, gegen seinen Willen. Also was denken Sie, Doktor, wie geht es mir?"

Dr. Hansen legt den Stift nieder.

„Ihnen ist was passiert?"

Schock steht in seinem Gesicht geschrieben.

„Ja, grüßen Sie Rodrigez von mir."

Ich drehe mich weg, ich möchte nicht, dass er meine Tränen sieht. Ich möchte jetzt keine Schwäche zeigen, bei dem Kampf der mir offenbar bevorsteht.

„Ich werde das sofort überprüfen lassen."

Er tippt kurz auf seinem Handy, ein Nachrichtenton erklingt kurz danach und er sieht wieder zu mir.

„Ich verspreche Ihnen, wir werden dem nachgehen. Ihnen wird nichts mehr geschehen. Wir verstehen, wenn Sie lieber eine weibliche Pflegerin möchten."

Ich verdrehe genervt die Augen.

„Das ist mir egal, halten Sie mir nur den Idioten vom Hals." Mit verschränkten Armen lasse ich mich in den Sessel fallen.

„Nun gut. Sie haben da noch mehr Dinge angesprochen. Für mich wichtig ist das Thema Diagnose."

Als Antwort bekommt er ein verachtendes Schnauben.

„Wissen Sie was Schizophrenie ist?"

„Jeder hält mich für irre, das weiß ich."

Dr. Hansen sammelt sich, bemüht sich die richtigen Worte zu finden. „Wir möchten Ihnen nur helfen, Frau Doucer. Schizophrenie ist eine chronische und schwere psychische Störung, die sich auf das Denken, Fühlen und Verhalten eines Menschen auswirkt. Menschen mit Schizophrenie scheinen den Kontakt zur Realität verloren zu haben. Ihre Gedanken, dass Götter existieren würden, und Sie nach Norwegen müssten, um Kinder zu retten, dass sind alles Wahnvorstellungen. Verstehen Sie das?"

Verzweiflung steigt in mir auf. Ich möchte mich erklären, seine Aussagen widerlegen, aber das bringt mich nicht weiter. Ich muss ihm geben was er möchte, wenn ich hier raus will. Es stehen Leben auf dem Spiel, ich habe keine Zeit über Theologiegedanken zu diskutieren.

„Ich verstehe."

Überrascht beobachtet Dr. Hansen meine Haltung und macht sich erneut Notizen.

„Dann verstehen Sie auch sicher, dass Sie Medikamente einnehmen müssen. Wir werden Ihnen Beruhigungsmittel, Antidepressiva und gegebenenfalls andere Medikamente geben. Es werden Nebenwirkungen auf Sie zukommen und eventuell müssen wir einige Medikamente ausprobieren, aber wenn wir das Richtige gefunden haben, können wir mit der Therapie beginnen. Es werden nicht nur Einzelgespräche sein, wo wir gemeinsam über Ihre Gefühle reden werden, sondern auch psychosoziale Therapiegespräche werden stattfinden. Das bedeutet, wir werden gemeinsam Bewältigungstechniken mit Ihnen besprechen und üben, damit Sie wieder ein vollwertiges Mitglied der Gesellschaft werden können, ohne sich oder andere zu gefährden."

„Und wie lange wird das Ganze dauern?" Die Zeit läuft.
„Das kann ich Ihnen nicht genau sagen, aber je besser Sie mitarbeiten, umso schneller werden sich Erfolge einstellen und umso schneller dürfen Sie in die offene Psychiatrie und wieder nach Draußen. Dort werden wir Sie noch etwas im Auge behalten, damit Sie quasi im realen Leben üben können, und sich dann abends Schutz suchend hier verkriechen können, wenn Sie so wollen."

Ich überschlage kurz wie lange das ungefähr dauern könnte, es könnten Monate sein, vielleicht sogar ein Jahr.

Wie viele Kinder werden in dieser Zeit sterben?

„Okay, dann fangen wir am besten sofort an. Geben Sie schon her, was Ihre Zauberapotheke zu bieten hat."

Als habe er gehofft, dass ich so reagiere, dreht er sich zu seinem Schreibtisch und greift nach einem vorbereiteten Stapel an Medikamentenpackungen. „Sie werden dieses Antidepressiva zusammen mit diesem Magenschutz morgens nehmen, abends steht das Beruhigungsmittel auf dem Plan. Diese Kombination probieren wir einige Zeit, wenn es gut funktioniert, startet die Therapie."

Er füllt eine Medikamentendose auf und beschriftet sie mit meinem Namen und der dazu gehörigen Nummer vom Klinikarmband. „Eine Schwester wird Ihnen die Medikamente zuteilen – zu Ihrer Sicherheit."

Diese Vorverurteilung geht mir mächtig gegen den Strich, aber ich darf nicht auffallen. Ich muss gehorchen, den Kindern zu Liebe.

„Gehen Sie nun bitte zum Mittagessen, danach dürfen Sie Ihre Zeit frei gestalten. Heute Abend starten wir mit der Medikation." Ich gehe ohne ein Wort zu sagen. Mein erster Halt ist die Cafeteria, wo ich mir eine große Portion Pommes Frites mit einem veganen Burger schmecken lasse, danach gehe ich durch die Klinik und schaue mich ein wenig um. Viele Bilder, gemalt von ehemaligen Patienten, sind auf den Gängen verteilt. In einer eher schlecht einzusehenden Ecke steht eine kleine alte gemütliche Couch, auf welcher ich es mir bequem mache. Von hier aus kann ich prima die Leute auf der Straße beobachten.

Alle genießen ihre Freiheit, Kinder lachen und spielen im Schnee. Auf einmal taucht eine sportliche blonde Frau in meinem Sichtfeld auf. Alles scheint sich zu verdunkeln, nur der Fleck, wo die Frau steht, ist hell erleuchtet. Ich kann meinen Blick kaum von ihr abwenden, und beobachte sie auf ihrem gesamten Weg, bis sie vor der Klinik stoppt.

„Ob sie wohl jemanden besuchen möchte?", frage ich mich laut. Selbstgespräche sind hier so normal wie Tabletten schlucken, es stört mich nicht im Geringsten, was irgendwer von mir denken könnte.

Die blonde Unbekannte verschwindet in der Eingangstür und somit aus meinem Blickfeld.

„Verdammt."

Am Abend stärke ich mich mit einem Brot belegt mit Käse, Gurke und Tomate, und trinke einen Fencheltee, der soll schließlich beruhigend wirken. Nach dem Essen gehe ich auf mein Zimmer und warte auf die Schwester mit den Medikamenten.

Zu meiner Überraschung taucht die blonde Unbekannte in Schwesterkleidung in meinem Zimmer auf.

„Hallo Luna, ich heiße Naomie und werde mich in Zukunft um dich kümmern. Ich bringe dir dein Beruhigungsmittel und etwas Wasser. Dr. Hansen sagte mir bereits, dass du der Behandlung etwas abgeneigt bist, wenn du also die Tablette nicht nehmen möchtest, gehe ich einfach wieder. Deine Entscheidung, du wirst hier zu nichts gezwungen."

Geblendet von ihrem hübschen Lächeln und den Herzschlag bis ins Trommelfell beider Ohren, habe ich kaum ein Wort der Schwester verstanden.

„Hi...", die einzige Reaktion, die ich herausbringen kann und ich hasse mich im gleichen Augenblick dafür.

„Äh, ich meine, ja, ich nehme meine Medikamente."

Naomie reicht mir die Dose und ein Glas Wasser. Ich schlucke ohne zu murren das Medikament mit etwas Wasser herunter und strecke ihr zum Beweis die rosa Zunge entgegen. Die Tablette schmeckt nach nichts zu meiner Freude. Naomie lächelt zufrieden.

„Danke, wir sehen uns morgen früh. Sollte etwas sein, kannst du heute Nacht auf den Notschalter drücken und ich sehe nach dir. Schlaf gut."
Sie verschwindet aus der Tür bevor ich mich noch mehr blamieren kann. Die Nacht verläuft ruhig und traumlos.

Am nächsten Morgen klopft es an der Tür, holt mich aus meinem Schlaf, und Naomie kommt wieder herein.
„Guten Morgen, ich habe hier deine Medikamente."
Sie nähert sich langsam meinem Bett und beobachtet mit einem Lächeln im Gesicht wie ich mich verschlafen in ihre Richtung drehe.
„Okay, danke."
Naomie reicht mir die Tablettendose und Wasser, wieder spüle ich die Tabletten mit dem Getränk herunter.

„Wie hast du geschlafen?"
„Puh, sehr tief und entspannt. Ich glaube, ich hab noch nie so ruhig geschlafen."
Naomies Lächeln wird breiter.
„Das freut mich sehr, dann scheinst du dein Beruhigungsmedikament gut zu vertragen. Mal sehen wie es mit den anderen Tabletten läuft. Hab einen schönen Tag, wir sehen uns heute Abend wieder."
Ich verbringe meinen Tag sehr ruhig. Frühstücken, Freizeit, Mittagessen, Freizeit, Abendessen, aufs Zimmer.

Um einen guten Eindruck bei Naomie zu hinterlassen, habe ich mir extra die Mühe gemacht und mein Zimmer aufgeräumt. Sehnlichst warte ich auf das Klopfen.

Klopf. Klopf. Klopf.

„Ja bitte?"

Naomie betritt den Raum.

„Hallo Luna, wie geht es dir?"

„Bestens, danke."

Sie kommt näher und gibt mir wie gewohnt mein Medikament und etwas Wasser. Ich nehme es sofort ein.

„Das freut mich, mal sehen wie die nächsten Tage so laufen. Wenn keine Nebenwirkungen auftreten, dann darfst du mit deiner Therapie starten."

Vorfreude steigt in mir auf. „Super!"

Glücklich lege ich mich ins Bett.

„Gute Nacht, Naomie."

„Gute Nacht, Kleines."

Adrenalin rast durch meine Adern,
mein Puls hämmert mir in den Ohren.

Ich schieße in senkrechte Haltung hoch.

„Was hast du da gerade gesagt?"

Naomie dreht sich langsam zu mir um und lächelt mich beruhigend an.

„Ich habe dir eine gute Nacht gewünscht, Luna."

Naomie verlässt das Zimmer.

In dieser Nacht werde ich keinen Schlaf finden.

Kann es sein?

Nein, das ist unmöglich.

Am nächsten Morgen das gleiche Spiel wie am Tag zuvor. Der gleiche Tagesablauf. Tage vergehen und keine Nebenwirkungen sind bemerkbar. Nach einer Woche ruft mich Dr. Hansen in das Therapiezimmer.

„Hallo, meine Liebe, ich habe gehört, dass Sie hervorragend an der Medikation teilgenommen haben. Wie geht es Ihnen unter den Wirkungen der Tabletten?"

Ich zwinge mich zu einem hoffnungsvollen Lächeln.

„Mir geht es gut. Ich habe das Gefühl, als wären meine Gedanken sortierter und jetzt machen sie auch mehr Sinn."

Er macht sich Notizen.

„Das freut mich, das freut mich. Haben Sie in letzter Zeit Träume oder Gedanken an Ihre Erlebnisse in Andøya gehabt?"

Ich möchte ihm von der Art der Schwester erzählen, möchte ihm sagen, wie ich der festen Überzeugung bin, dass Schwester Naomie eigentlich Laurin und somit Thor ist. Aber ich lasse es.

„Nein, nichts dergleichen", antworte ich so überzeugend wie möglich.

„Sehr gut, Frau Doucer, dann können wir endlich mit Ihrer Therapie starten. Ich erstelle Ihnen einen Zeitplan und ab morgen starten wir. Einverstanden?"

Er sieht mich erwartungsvoll an.

„Natürlich."

Freiheit

Ich sitze im Aufenthaltsraum und lasse die letzten Wochen gedanklich Revue passieren. Wochen sind vergangen, in denen ich mit Dr. Hansen über meine Gefühle, meine tiefsten Wünsche und meine geheimsten Träume gesprochen habe. Weiterhin habe ich regelmäßig meine Medikamente eingenommen. Dr. Hansen ist sehr zufrieden mit meinen Fortschritten und möchte demnächst mit der Verhaltenstherapie starten. Darauf freue ich mich sehr, denn das bedeutet, ich bin meinem Ziel einen großen Schritt näher gekommen: *Freiheit*.
In den darauf folgenden Monaten gehe ich gemeinsam mit Dr. Hansen verschiedene Übungen durch, wie ich mit meiner psychischen Erkrankung in der Öffentlichkeit umgehen kann, um ein produktives Mitglied der Gesellschaft zu sein.

Nachdem ich mich die ersten vier Monate nach meiner Einweisung so gut gemacht habe, darf ich zurück in die offene Psychiatrie, um die Übungen auch im Alltag anzuwenden. Ich weiß, dass ich nicht wirklich krank bin, deswegen ignoriere ich die blöden Tipps und verbringe meine Freizeit draußen wie gewohnt.

Nach dem Frühstück starte ich mit der Gesprächstherapie, um in den Tag zu starten. Danach folgen verschiedene Therapieansätze. Endlich durfte ich wieder am kreativen Therapiebereich teilnehmen, das hatte mir überraschenderweise gefehlt. Malen, Schreiben und Musizieren tun mir einfach gut.
Nach dem Therapieprogramm folgt das Mittagessen. Jeden Mittag gibt es eine gute Auswahl für jeden Ernährungsstil, sodass ich immer etwas Leckeres finde. Eins der wenigen positiven Punkte an dem Klinikaufenthalt. In meinem Kinderheim gab es nur geschmackloses Essen und jeder musste das gleiche essen. Wenn man mal nicht aufgegessen hatte oder das Essen verweigerte, musste man damit rechnen Tage lang nichts zu essen zu bekommen. Nach meinem Mittagessen steht endlich Freizeit an. Ich verbringe meine Freizeit gerne draußen, laufe durch die Straßen und schaue in die Geschäfte hinein. Irgendwann möchte ich auch arbeiten und ein normales Leben führen,
aber bisher war das leider nie ein Thema für mich.

Zuerst Schule, jetzt dieses Drama. Ob man mit so einem katastrophalen Start ins Leben überhaupt ein normales Leben führen kann?
Nach einer halben Stunde erreiche ich mein Lieblingsgeschäft: Leseecke Weber. Heute möchte ich nicht nur vor der Scheibe stehen, sondern endlich das Geschäft betreten. Eine kleine Klingel über der Eingangstür verrät mein Eintreten sofort. Ich kann die kleine Verkäuferin, die sonst jeden Tag an der Kasse steht, nicht sehen, also beschließe ich durch die Regale zu schlendern. Bücher über Bücher. Langsam lasse ich meine Finger über die Buchrücken gleiten und bleibe bei einem dünnen Buch stehen. „Glück muss Hund haben".
Ich ziehe das Buch aus dem Regal und betrachte das Cover. Sofort erinnere ich mich an den Abend zurück, als ich das Buch gelesen habe und verdränge den Gedanken sofort wieder. Ich nehme das Buch mit zu einem bequemen Sessel am Schaufenster, setze mich und blättere in dem Buch.

Die Geschichte beschäftigt mich immer noch. So gerne hab ich mir bisher einen Hund gewünscht, nach dem Lesen zweifele ich jedoch, ob ich dafür wirklich geeignet bin. Kein Geld, keine Zeit, kein Zuhause.

Vielleicht irgendwann mal, aber jetzt nicht.

„Hallo, Liebes, kann ich dir vielleicht helfen?"

Die kleine brünette alte Dame, die sich sonst hinter der Kasse versteckt, steht plötzlich neben mir. Wie ein Puma hat sie sich an mich angeschlichen, vor Schreck hätte ich beinahe das Buch weggeworfen.

„Nein, danke, ich möchte mich nur aufwärmen und ein bisschen lesen, wenn es okay ist."

„Natürlich."

Nach einigen Minuten kommt sie zu mir zurück und bringt mir eine Tasse mit warmen Kakao. Dankend nehme ich das Getränk entgegen und genieße die Ruhe. Nachdem ich die Tasse geleert habe, übergebe ich die Tasse an die Verkäuferin zurück, stelle das Buch auf seinen Platz und verabschiede mich.

Um meine Freizeit ausklingen zu lassen, gehe ich zurück in den Park. Ich suche mir eine ruhige Sitzbank und beobachte, wie immer, die Menschen und besonders gerne die Hunde. Ein älterer Golden Retriever kommt auf mich zu gelaufen, lässt sich von mir kuscheln und verschwindet kurze Zeit später, um wieder zurück zu seinem Herrchen zu gehen.

Genau da macht es Klick bei mir.
Ich möchte Tieren nah sein, kann aber kein eigenes haben. Wieso dann also nicht Geld damit verdienen?
Das Piepen auf meiner Armbanduhr sagt mir, dass es Zeit ist zur Klinik zurück zu gehen. Vor dem Abendessen steht ein erneutes Gespräch an. Stolz erzähle ich Dr. Hansen was ich alles erlebt habe und was mir bewusst geworden ist. Dr. Hansen macht sich erneut Notizen und sieht mich erfreut an.

„Ich bin sehr stolz auf Sie, meine Liebe. Es freut mich, dass Sie einen so schönen Tag hatten. Sobald Sie psychisch fit genug sind und gehen dürfen, würde ich Ihnen im örtlichen Tierheim ein Vorstellungsgespräch vereinbaren, die Leiterin des Tierheims ist eine gute Freundin von mir."

Mein Herz überschlägt sich.

„Das ist ja der Wahnsinn! Vielen Dank Dr. Hansen!"

Glücklich genieße ich mein Abendessen, nehme Naomie meine Medikation ab, mittlerweile durfte ich für eine Woche Tabletten in meinem Zimmer stehen haben und musste sie somit nur selten sehen,. Danach gehe auf mein Zimmer. Die Gedanken kreisen wild in meinem Kopf.

Was mache ich hier eigentlich?

Ich wollte nach Andøya, wollte Kinder retten und jetzt plane ich hier eine Zukunft?

Mittlerweile sind drei Monate nach meiner Verlegung in die offene Psychiatrie vergangen und ich habe mich vorbildlich benommen. Am Montagmorgen ruft Dr. Hansen alle Patienten zusammen in die Cafeteria. Der Saal ist geschmückt, der Duft von frischem Kuchen liegt in der Luft. Ich betrete unsicher den Raum und traue meinen Augen kaum.

„Da ist ja unser Ehrengast", freut sich Naomie.

Alle gucken mich erwartungsvoll an. Röte breitet sich auf meinen Wangen aus.

„Ich verstehe nicht ganz?"

Verunsicherung legt sich in meiner Stimme nieder.

„Meine Liebe, Sie haben sich so gut gemacht, dass Sie heute gehen dürfen. Und da Sie einen so schwierigen Start ins Leben hatten, möchten wir Ihren neuen Start ins Leben richtig feiern."

Ich sehe Dr. Hansen völlig perplex an.

„Sie werden heute entlassen!"

Meine Augen weiten sich.

„Was?"

Ich hüpfe auf und ab, um der aufkommenden Freude Luft zu machen, und falle den nächstbesten Menschen in die Arme. Ich kann mein Glück kaum glauben.

„Lasst uns alle feiern, meine Lieben!"

Musik spielt, jeder genehmigt sich ein Stück Schokoladenkuchen. Freude erfüllt den Raum. Dr. Hansen tippt mir auf die Schulter.

„Luna, folgen Sie mir bitte."

Ich folge ihm zu der Klinikanmeldung.

„So, Frau Doucer, Sie bekommen heute Ihre Sachen zurück, die Ihnen damals im Krankenhaus weggenommen wurden. Außerdem bekommen Sie ein Schriftstück, mit dem Sie offiziell entlassen werden."

Dr. Hansen reicht mir meinen Rucksack und ich schaue meine Sachen durch.

„Ist alles da?"

„Ich guck mal. Meine braune Kuscheldecke, mein Wolfsstofftier, das Foto meines Vaters und die Postkarte."

Ich stocke kurz.

Die magische Postkarte?

„Alles da."

„Prima, dann dürfen Sie nun offiziell gehen. Ich habe hier noch den Vorstellungstermin, Sie dürfen am örtlichen Tierheim in drei Stunden vorbei schauen und Probearbeiten. Wenn Ihre Arbeit überzeugt, haben Sie gute Chancen auf die Stelle."

„Vielen Dank."

Ich nehme das Kärtchen samt Adresse, Namen der Inhaberin und der Uhrzeit an mich. Stolz verlasse ich die Klinik und atme tief durch.

„Endlich frei."

Epilog

Ding Dong.

Ein Klingelgeräusch ertönt, als ich das Büro des Tierheimes betrete.

„Hallo? Ich bin Luna Doucer, ich soll mich hier vorstellen."

Eine ältere mollige Dame betritt den Raum.

„Aha! Guten Tag, Frau Doucer, Dr. Hansen hat mich bereits über Ihr Erscheinen in Kenntnis gesetzt. Sie möchten also ein tatkräftiges Mitglied der Gesellschaft sein und sich am Berufsleben beteiligen?"

Sie nähert sich mir langsam und blickt mich argwöhnisch an.

„Ja, genau, das ist der Fall, Frau Warsteiner."

Ich versuche so selbstbewusst wie möglich zu klingen.

„Gut gut. Und wie kommen Sie darauf, dass Sie in meinem Tierheim gut aufgehoben sind?"

Ich überlege kurz, wie ich darauf reagieren soll. Lügen oder die Wahrheit sagen, was würde man wohl eher von einem zukünftigen Angestellten hören wollen?

Ich entscheide mich für die Wahrheit.

„Ich möchte ein normales Leben führen, ich möchte Geld verdienen und gleichzeitig den Tieren etwas Gutes tun. Tiere sind mir sehr wichtig und ich hatte bisher nie die Möglichkeit ein eigenes Tier zu adoptieren und es zu pflegen. Bis ich das machen kann, möchte ich so vielen Tieren wie nur möglich helfen und etwas Gutes tun. Ich habe in meinem Leben sehr viel durchmachen müssen, musste sehr viel Mist erleben. Vielen Tieren hier geht es ganz genauso. Sie alle hatten schwierige Leben bisher. Ich möchte, dass es den Tieren nicht so geht wie mir, es soll Ihnen gut gehen. Und wenn ich das erreiche, indem ich ihren Platz sauber halte, sie füttere, sie zum Arzt begleite, mit ihnen laufe und spiele, dann ist das eine schöne Sache und ein gutes Gefühl.

Und dabei noch Geld verdienen, um das eigene Leben und das eigene Selbstwertgefühl zu verbessern, das wäre für mich persönlich ein Highlight in meinem bisher miserablen Leben."

Überraschung liegt in ihrem kühlen Blick.

„Das ist eine sehr ehrliche Antwort, dafür haben Sie meinen Dank und meinen Respekt. Ich weiß nur nicht, ob Personen wie Sie hier geeignet sind."

Frau Warsteiner sieht mich herablassend an.

„Personen ohne berufliche Ausbildung und Erfahrung am Arbeitsplatz?"

„Schizophrene Personen."

Mir stockt der Atem.

„Was sollte meine Diagnose mit meiner Arbeitsleistung zu tun haben?"

Frau Warsteiner stellt sich aufrecht auf, um größer zu wirken.

„Na ja, Sie leiden unter Wahnvorstellungen. Was, wenn Sie auf einmal den Auftrag bekommen, eines meiner Tiere zu töten?

Das kann ich nicht verantworten."

Der Schock steht mir ins Gesicht geschrieben.

Das kann ja wohl kaum ihr Ernst sein?

„Also erstens habe ich nie solche Befehle erhalten, zweitens bin ich therapiert, nehme Medikamente und habe einiges Wissen in die Hand gelegt bekommen, wie ich schlechte Tage erkenne und mit solchen Situationen umgehen kann und drittens frage ich mich, wenn Sie mich hier eh nicht haben wollen, wieso haben Sie dann einem Bewerbungsgespräch überhaupt zugesagt?"

Frau Warsteiner ist erstaunt von meiner Aufsässigkeit.

„Nun gut, Sie sollen Ihre Chance haben. Sie dürfen heute Probe arbeiten, falls es nicht ein 'schlechter' Tag gerade für Sie sein sollte. Heute steht die Reinigung des Katzenhauses auf dem Programm. Das bedeutet viele kranke Kätzchen, viel Desinfektionsmittel, harte Arbeit."

„Gerne, ich lege sofort los."

Ich habe nicht vor klein bei zu geben und Frau Warsteiner merkt das deutlich an meiner Körperhaltung.

„Melden Sie sich in vier Stunden wieder bei mir. Nach Ihrer Einweisung einer Kollegin werden Sie die Arbeiten alleine verrichten und sich danach bei mir melden. In der angegeben Zeit sollten Sie alle Arbeiten alleine geschafft haben, ansonsten benötigen wir Ihre 'Unterstützung' nicht. Wir werden dann Ihre erbrachte Leistung gemeinsam begutachten und bewerten. Danach entscheide ich, ob Sie hilfreich sind oder gehen können. Verstanden?"

„Verstanden."

Ich gehe über den großen gepflasterten Hof an den Hundekäfigen vorbei zum Katzenhaus. Mir tun die Hunde leid, alle sitzen trostlos in irgendwelchen Ecken und warten auf jemanden, der sie lieben möchte.

Das Katzenhaus ist kaum zu übersehen. Es ist ein großes zweistöckiges Haus, welches weiß verputzt und mit Katzen bemalt wurde. Ich werde von einer weiteren alten kleinen Dame in Empfang genommen.

„Sie sollen also heute Probe arbeiten?"

Ich halte der Frau meine rechte Hand entgegen.

„Genau, mein Name ist..."
„Das ist mir ziemlich egal. Ich zeige Ihnen kurz Ihre Aufgaben und lasse Sie dann alleine. Ich muss den anderen in der Cafeteria beim Schmücken des Saals helfen, wir dekorieren für unsere Weihnachtsfeier.
Folgen Sie mir oder wollen Sie noch länger Ihre Füße in den Bauch stehen?"
Ich folge ihr kommentarlos in den zweiten Stock.
„Hier sind alle Reinigungsmittel, wie man sie richtig anwendet steht dort auf dem Zettel da. Jedes mal, wenn sie einen neuen Raum betreten, ziehen Sie neue Überziehschuhe an. Die Katzen dürfen nicht ihre Räume verlassen. Sie dürfen die Katzen nicht streicheln, da sie alle krank sind. Schaffen Sie das oder ist das schon zu schwierig für Sie?"
Ich gehe auf die Spitzen gar nicht ein.
„Danke, ich komme selbst zu recht. Sie können gerne Ihren anderen Aufgaben nachgehen."
Mit einem Lächeln verabschiede ich mich von der älteren Dame.

Ich stelle meinen Rucksack ab, richte mir den Wagen mit Reinigern, Desinfektionsmittel, Hygienesachen und Schrubbern ein, und gehe ins erste Zimmer. Eine kleine schwarz-weiße Katze verkriecht sich in der Ecke des kleinen Raumes. Der ganze Boden ist beschmiert mit ihrem dünnflüssigen Kot. Der Kratzbaum ist mit blutigem Erbrochenen bedeckt. Säuerlicher Gestank kriecht mir in die Nase, meine Eingeweide ziehen sich zusammen. Ich ziehe mir eine Maske an, um die Gerüche abschirmen zu können, ziehe mir die Schutzschuhe und Handschuhe an und bereite das Putzmittel vor. Warmes Wasser, Desinfektionsmittel und Reinigungsmittel gemischt. Zuerst schließe ich die Tür, damit die Katze nicht verschwinden kann, danach reinige ich den Kratzbaum und desinfiziere ihn. Anschließend kümmere ich mich um die Reinigung der Fenster und des Bodens.

Ich kämpfe mit meiner Übelkeit.

Nachdem ich mit meiner Arbeit zufrieden bin, verlasse ich vorsichtig den Raum, wechsele die Sicherheitsschuhe und betrete den nächsten Raum.

Hier leben zwei braune ältere Katzen, die sich an der Decke auf Klettergerüsten verstecken. Sie haben Angst vor mir und fauchen wild. Ich fühle mich schlecht, muss aber die Arbeit erledigen. Ich schließe hinter mir wieder die Tür aus Sicherheitsgründen und widme mich danach den Fenstern und dem Boden. Am Ende sehe ich mich um und bemerke, dass Kot auf dem Kletterplatz über dem Türrahmen ist. Ich verlasse vorsichtig den Raum, um in der Reinigungskammer eine Leiter zu holen. Zurück im Zimmer angekommen, verschließe ich erneut den Raum, kontrolliere, das alle Katzen noch da sind, und stelle die Leiter auf. Eigentlich habe ich mit Höhenangst zu kämpfen, aber ich darf Frau Warsteiner nicht noch mehr Gründe geben, mich nicht einstellen zu wollen. Langsam klettere ich zitternd die Treppe hinauf, bepackt wie ein Esel mit Reinigungsmittel und Lappen. Als ich die letzte Stufe erreiche, erschrickt sich eine der Katzen und springt mir in mein Gesicht. Die Krallen schieben sich tief in meine Haut und ich kann mein Gleichgewicht nicht halten.

Ich falle rücklings von der Leiter, mein Kopf knallt hart gegen die gelb gestrichene Zimmerwand. Das Bild vor meinen Augen verschwimmt und taucht in ein tiefes Schwarz.

~☆~

Ich erwache von meinen hämmernden Kopfschmerzen und finde mich in einem Tannenwald wieder, sitzend auf verschneitem Boden. Um mich herum hat sich ein mir bekanntes Wolfsrudel versammelt.

Mir gegenüber stehen Hel und ihr Bruder.

„Hel, Fenriswolf, was macht ihr alle in meinem Traum?"

Hel kniet sich vor mich, legt ihre Hände um mein blutverschmiertes Gesicht und schaut mir tief in die Augen.

„Meine Liebe, das ist kein Traum.

Ich sagte dir doch, du sollst vor deiner Pflegefamilie weglaufen. Ich sagte dir doch, wie gefährlich sie seien.

Mein Bruder hat dir in die Stadt geholfen.

Und trotzdem spreche ich erneut zu dir.

Weißt du denn nicht, was das bedeutet?"

Meine Augen weiten sich.

„Wie kann man denn sterben, wenn man von einer ein Meter hohen Leiter fällt?"

Hel sieht mich verwundert an.

„Eine Leiter? Mein Kind, du liegst immer noch auf der Klippe, wo dich mein Vater zurück gelassen hat. Du stirbst. Dein Lebensgeist entfließt langsam deinem Körper."

„Hel, das kann nicht sein. Ich bin in Deutschland. Mir geht es gut. Ich meine, du dürftest nicht mal existieren. Loki nicht, Thor nicht. Die ganze verdammte Geschichte nicht."

Hels Blick verdüstert sich.

„Das glaubst du, ja? Loki ist ein Trickster! Er lässt dich glauben was er will, während du langsam vor dich hin vegetierst. Aber hey, wenn du mir nicht glauben willst, dann werde ich dich nicht länger belästigen!" Hel erhebt sich wutentbrannt.

„WACH AUF!"

Ich erwache mit starken Kopfschmerzen und sehe mich vorsichtig um. Keine Klippe, keine Kälte, kein Meeresrauschen und kein Tannenwald. Nur gelbe Wände und eine Katze, die mein Gesicht ableckt.

„Geh weg von mir."

Ich schubse die Katze weg und stehe langsam auf. Ich muss mich dabei an der Wand festhalten, der Schwindel ist noch immer zu stark.

Was war das denn für eine Scheiße? War das ein Rückfall?

Wirken die Medikamente nicht mehr?

Auf einmal platzt Frau Warsteiner in das Zimmer.

„Was machen Sie denn hier? Ein Schläfchen? Während der Arbeit?"

„Ich bin von der Leiter gefallen und war kurz ohnmächtig, es tut mir leid."

Frau Warsteiner baut sich vor mir auf.

„Spannende Ausrede. Sie haben Ihre Arbeit innerhalb der angegebenen Zeit nicht erreicht. Für mich sind Sie somit keine Hilfe."

„Frau Warsteiner, bitte, es war nicht meine Schuld. Ich habe meine Arbeit bisher zufriedenstellend erledigt. Ich wollte das Klettergerüst da reinigen, die Katze hat sich erschrocken, hat mich angegriffen und ich bin von der Leiter gefallen. Das ist wirklich nicht meine Schuld."

Frau Warsteiner lächelt herablassend.

„Dann sind Sie wohl doch nicht so tierfreundlich wie Sie dachten. Ansonsten hätte die Katze Sie nicht angegriffen, wobei ich das immer noch bezweifle. Sie sind weder bei klarem Verstand noch vertrauenswürdig. Warum sollte ich Sie in meinem Arbeitsteam wollen?"

Ich stehe verzweifelt im Türrahmen und weiß nicht was ich antworten soll.

„Frau Warsteiner, bitte..."

„Buhuhu. Kleines, du gibst so ein armseliges Bild ab."

Ich taumele zwei Schritte zurück. „Laurin."

Frau Warsteiner verwandelt sich direkt vor mir in einen großen Mann mit langem roten Bart.

„Nah dran, Kleines. Ich bin Thor, Odins Sohn und Lokis Halbbruder."

„Wieso bist du hier? Hat Hel recht und ich sterbe gerade?" Thor lacht herzhaft. Sein Lachen erfüllt ohrenbetäubend den gesamten Raum.

„Hel hat dich also aufgesucht, das wundert mich nicht. Wer weiß schon was die Wirklichkeit ist? Es ist schon lustig, du hast dich so sicher gefühlt.

Du dachtest du seist uns entkommen, ich meine, als ob uns jemand entkommen könnte.

Und dann stellst du dir so was vor?

Denkst du wirklich, dass du die Heldin für diese armen Geschöpfe spielen kannst, während du gerade selbst elendig verreckst, Kleines?"

Thor verschwindet im Nichts.

Nur sein Lachen schallt nach und ich stehe zurückgelassen in dem Zimmer.

Ende?

Du selbst entscheidest was der Protagonistin Luna Doucer geschehen ist, so wie jeder von uns seine eigene Realität erschafft. Wir sind unsere eigenen Gedanken, vertraue auf diese Macht.

Hat dir mein Buch gefallen?

Rezensionen sind für AutorInnen unglaublich wichtig, besonders im Selfpublishing.
Es muss nicht immer eine perfekt ausgearbeitete Rede sein, eine kurze Lesermeinung ist auch schon hilfreich!

Ich freue mich über Bewertungen auf den klassischen Plattformen. Solltest du auf sozialen Medien über Bücher sprechen, freue ich mich, wenn du mich in deinem Feedback markierst.

Danksagung

Ich möchte mich hiermit bei all jenen bedanken, ohne die dieses Buch nie existieren würde.

Ich bedanke mich bei @julisbookcorner für dieses wunderschöne Cover und dein stetiges Test – und Korrekturlesen.

Ich bedanke mich außerdem bei meinen anderen TestleserInnen – danke für eure Zeit und Mühe! Durch eure Anmerkungen ist es wirklich perfekt geworden.

Ich bedanke mich bei Lektokat für deine lektorarischen Hinweise, Tipps und Tricks.

Und natürlich bedanke ich mich bei Dir, meinem lieben Lesenden. Du treibst mich an weitere magische Bücher mit ernsten Themen zu schreiben und zu veröffentlichen.

Ich hoffe, du hattest mit diesem Buch ein paar schöne Lesestunden. Solltest du auf den Geschmack gekommen sein, habe ich hier einige Leseempfehlungen für dich:

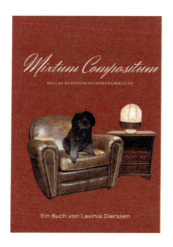

Mixtum Compositum: Bellas Kurzgeschichtensammlung

ISBNs:

Taschenbuch: 978-3347938892

Hardcover: 978-3347938908

Ebook: 978-3-347-93891-5

4 magische und tierische Kurzgeschichten, geeignet für Kinder ab 13 Jahren und Erwachsene, mit Themen rund um Tier – und Naturschutz, wie zB. Lichtverschmutzung, Massentierhaltung, Straßenhunde (die Geschichte aus „Glück muss Hund haben")

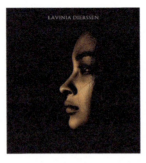

BLOODY MARY
Das Erwachen des Bösen

Bloody Mary: Das Erwachen des Bösen

ISBNs:

Taschenbuch: 978-3-347-73227-8

Ebook: 978-3-347-73232-2

Taschenbuch Großschrift: 978-3-347-73233-9

Diese Thriller-Kurzgeschichte ist Band 1 meiner Schwestern-Dilogie und spielt in Berlin. Wir treffen auf Mary, die unwissentlich Teil eines perfiden Plans wird. Wem kann sie am Ende trauen?

Ernste Themen: Alkoholsucht, Depressionen, Tod

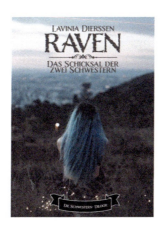

Raven: Das Schicksal der zwei Schwestern

ISBNs:

Taschenbuch: 978-3-347-82107-1

Ebook: 978-3-347-82110-1

Band 2 der Schwestern-Dilogie.
Diese Geschichte spielt in Düren, Bad Ems, Gummersbach und Teile von Norwegen. Es gibt ein magisches Abenteuer, Hexen, Vampire und Werwölfe.

Du findest dort Tropes wie Found Family, Enemies to Lovers, Casual Queernes.

Ernste Themen: Vergewaltigung, Kindesmissbrauch, Depressionen, psychische Erkrankungen (resultierend aus Kindesmissbrauch und Vergewaltigung), Selbstfindung, Tod

Alle meine Bücher findest du im Autorenwelt Shop (hier werden AutorInnen fair entlohnt), beim großen A, bei Hugendubel, Thalia, Weltbild und im Tredition Shop. Du kannst auch signierte Exemplare und Buchboxen bei mir bestellen (nur so lange der Vorrat reicht).

Triggerliste

→ Kindesmissbrauch

→ Tod eines Elternteils

→ Alkohol - und Drogenmissbrauch

→ gewollter und ungewollter Geschlechtsverkehr

→ Folter

→ Schizophrenie

→ Aufenthalt in einer psychischen Heilanstalt

→ Suizidversuch

→ Christianisierung